essentials

essentials liefern aktuelles Wissen in konzentrierter Form. Die Essenz dessen, worauf es als „State-of-the-Art" in der gegenwärtigen Fachdiskussion oder in der Praxis ankommt. *essentials* informieren schnell, unkompliziert und verständlich

- als Einführung in ein aktuelles Thema aus Ihrem Fachgebiet
- als Einstieg in ein für Sie noch unbekanntes Themenfeld
- als Einblick, um zum Thema mitreden zu können

Die Bücher in elektronischer und gedruckter Form bringen das Expertenwissen von Springer-Fachautoren kompakt zur Darstellung. Sie sind besonders für die Nutzung als eBook auf Tablet-PCs, eBook-Readern und Smartphones geeignet. *essentials:* Wissensbausteine aus den Wirtschafts-, Sozial- und Geisteswissenschaften, aus Technik und Naturwissenschaften sowie aus Medizin, Psychologie und Gesundheitsberufen. Von renommierten Autoren aller Springer-Verlagsmarken.

Weitere Bände in der Reihe http://www.springer.com/series/13088

Ralf T. Kreutzer · Darius Seyed Vousoghi

Voice-Marketing

Der Siegeszug der digitalen
Assistenten

Ralf T. Kreutzer
Königswinter, Deutschland

Darius Seyed Vousoghi
Michendorf, Deutschland

ISSN 2197-6708   ISSN 2197-6716   (electronic)
essentials
ISBN 978-3-658-29473-1   ISBN 978-3-658-29474-8   (eBook)
https://doi.org/10.1007/978-3-658-29474-8

Die Deutsche Nationalbibliothek verzeichnet diese Publikation in der Deutschen Nationalbibliografie; detaillierte bibliografische Daten sind im Internet über http://dnb.d-nb.de abrufbar.

Planung/Lektorat: Angela Meffert
Springer Gabler ist ein Imprint der eingetragenen Gesellschaft Springer Fachmedien Wiesbaden GmbH und ist ein Teil von Springer Nature.
Die Anschrift der Gesellschaft ist: Abraham-Lincoln-Str. 46, 65189 Wiesbaden, Germany

Was Sie in diesem *essential* finden können

- Warum digitale Assistenten immer wichtiger werden.
- Welche Formen des Voice-Marketings zu berücksichtigen sind.
- Wie Sie die Potenziale des Voice-Marketings für Ihr Unternehmen erschließen können.

Vorwort

Liebe Leserinnen, liebe Leser,

wir möchten Ihr Augenmerk aus folgendem Grund vehement auf das spannende Thema **Voice-Marketing** lenken: Der **Siegeszug der Steuerung durch Sprache** – auch von komplexen Systemen und Prozessen – wird nicht zu stoppen sein. Der Grund hierfür ist ganz einfach: **Bequemlichkeit.** Innovationen werden von den Nutzern immer dann gerne angenommen, wenn neue Lösungen mit einem hohen Maß an Bequemlichkeit einhergehen. Und das ist hier der Fall: Statt eines Keyboards oder eines Touch-Screens wird zur Eingabe das verwendet, worüber die meisten Menschen auch ohne weitere technische Hilfsmittel verfügen: die Sprache.

Wenn – und das ist absehbar – **KI-gestützte digitale Assistenten** unsere Stimme – und bald auch unsere Stimmung – verstehen und ausgesprochene Wünsche und Befehle in der Lage sind auszuführen, wird diese Entwicklung durch nichts mehr gebremst werden. Auch nicht durch Datenschutz-Bedenken, weil der Vorteil für die oft nicht umfassend informierten Nutzer so offensichtlich ist: Bequemlichkeit. Deshalb ist in allen Unternehmen zu prüfen, welche **Anforderungen des Voice-Marketings** zu berücksichtigen sind.

Wir arbeiten heraus, welche Fingerübungen Sie idealerweise heute schon vollziehen sollten, damit Ihr Unternehmen morgen auf den Einsatz von Voice und der digitalen Assistenten vorbereitet ist. Um Sie hierbei vor (unschönen) Überraschungen zu schützen, wurde dieses Werk verfasst. Möge es Ihnen nicht nur die **Handlungsnotwendigkeiten** verdeutlichen, sondern auch konkrete **How-to-Ideen** vermitteln. Wenn uns das gelingt, haben wir unser Ziel erreicht.

Mit herzlichen Grüßen

Königswinter – Berlin
April 2020

Ralf T. Kreutzer
Darius Seyed Vousoghi

Inhaltsverzeichnis

„Mobile First" – Der Siegeszug der digitalen Assistenten

Die Welt, in der wir leben, verändert sich immer schneller. Das Internet – Dreh-und Angelpunkt der modernen Welt – existiert erst seit gut 20 Jahren. Das erste *iPhone,* heute für viele **Milliarden** Nutzer ein tagtäglicher Begleiter, wurde erst im Jahr 2007 auf den Markt gebracht. **Smartphones dominieren die Kommunikation** weltweit – und die Unternehmen müssen sich diesen **veränderten Nutzungsgewohnheiten** anpassen. Deshalb haben die Marketing-Experten rund um den Globus inzwischen gelernt, dass **Mobile First** angesagt ist. Da die große Mehrheit der Nutzer Websites heute mobil ansteuert, darf ein Internetauftritt nicht mehr vorrangig für den Desktop (Big Screen) konzipiert werden, sondern muss sich am Small Screen der Tablets und vor allem der Smartphones orientieren.

Jetzt stehen wir am Beginn des **Zeitalters der digitalen Assistenten.** Hinter einem digitalen Assistenten (auch virtuelle Assistenten oder Sprachassistent genannt) verbirgt sich eine Software, die auf NLP (Natural Language Processing) **basiert** – einem Anwendungsbereich der Künstlichen Intelligenz (KI). NLP versetzt einen digitalen Assistenten in die Lage, gesprochene Sprache zu verstehen, zu verarbeiten und in gesprochener Sprache zu antworten (vgl. Kreutzer und Sirrenberg 2019, S. 28–35). Hierdurch entsteht ein neues Phänomen, mit dem sich alle Marketing-Verantwortlichen – eher früher als später – intensiv beschäftigen sollten: **Voice-Search.** Deshalb heißt es jetzt schon **Voice First** – und bald vielleicht sogar **Voice Only!**

> ▶ **Wichtig** „Sprache ist das neue Tippen oder Wischen." (Classen 2019, S. 20).

Welche Bedeutung *Amazon, Google* und weitere Hersteller der Entwicklung von digitalen Assistenten beimessen, wird an deren aktuellen Angeboten deutlich.

© Springer Fachmedien Wiesbaden GmbH, ein Teil von Springer Nature 2020
R. T. Kreutzer und D. Seyed Vousoghi, *Voice-Marketing,* essentials,
https://doi.org/10.1007/978-3-658-29474-8_1

Apple startete schon früh mit dem digitalen Assistenten *Siri*, allerdings ohne diese Anwendung frühzeitig umfassend aufzuzeigen. Das übernahm *Amazon* mit *Amazon Echo* bzw. mit *Alexa*, wie der Aktivierungsruf für den digitalen Assistenten bei *Amazon* lautet. Hier wurde erstmals das umfassende **Anwendungsspektrum der digitalen Assistenten** sichtbar. Anschließend folgten weitere Anbieter wie *Google* mit *Google Assistant*, *Microsoft* mit *Cortana* sowie *Samsung* mit *Bixby*. Alle verfolgten das gleiche Ziel: einen wichtigen, vielleicht sogar marktdominierenden Trend nicht zu verschlafen. Gleiches gilt für die Vorherrschaft im asiatischen Raum, in dem die drei Tech-Giganten *Alibaba*, *Xiaomi* und *Baidu* den Markt vorerst beherrschen.

Die **Bekanntheit der digitalen Assistenten** sowie deren **Nutzungsintensität** zeigt Abb. 1.1. Für diese Studie wurden 2019 in Deutschland 1006 Personen der deutschen Wohnbevölkerung im Alter von 18 bis 69 Jahren befragt (vgl. Splendid Research 2019). Bei der Nutzung der digitalen Assistenten dominiert momentan *Google Assistant*, gefolgt von *Amazons Alexa* und *Apples Siri*. Bei der Bekanntheit hat *Amazons Alexa* aufgrund der frühen Markteinführung immer noch die Nase vorne. Es bleibt offen, ob die anderen Anbieter zur Spitzengruppe aufschließen werden – oder als Late Mover vom Markt verschwinden werden.

Es stellt sich die Frage nach den regelmäßig genutzten **Funktionen der digitalen Assistenten**. Eine Studie von Statista (2019a) hat hierzu 579 deutsche Internetnutzer ab 18 Jahren befragt. In Abb. 1.2 wird deutlich, dass „**Musik abspielen**" heute an erster Stelle der Nutzung steht. Aber schon auf 2. Platz steht „**Suchergebnisse erhalten**", wozu auch „**Wetterbericht erhalten**" gezählt werden kann. Das Thema „**Produkte bestellen**" findet sich heute erst auf dem 12. Rang **wieder**.

Interessant ist auch die Frage nach der Steuerung von Haushaltsgeräten über digitale Assistenten.

Hierzu hat Statista (2019b) 105 deutsche Internetnutzer ab 18 Jahren befragt. Abb. 1.3 zeigt, dass hierbei „intelligente Lichter", „Smart Speaker" sowie „Multiroom-Unterhaltungssysteme" die Einsatzfelder dominieren. Bei Smart Speakern handelt es sich um einen schnell wachsenden globalen Markt von Lautsprechersystemen mit einem integrierten digitalen Assistenten. Eine Besonderheit dieser intelligenten Lautsprecher ist, dass diese auf Spracheingaben der Nutzer ausgelegt sind und standardmäßig über kein Ausgabedisplay verfügen. Teilweise werden jetzt allerdings auch Bildschirme integriert, um Bilder und Videos zu präsentieren.

In diesem Kontext kommt dem Konzept des **Smart Homes** eine besondere Bedeutung zu. Im Kern handelt es sich beim Smart Home um ein **nach innen und außen umfassend vernetztes Wohnumfeld.** Nach außen ist auf jeden Fall

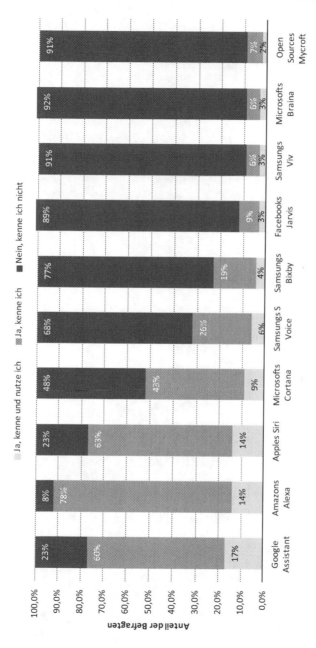

Abb. 1.1 Bekanntheit und Nutzung verschiedener Sprachassistenten in Deutschland 2019 – in % (Frage: Welche der folgenden digitalen Assistenten für Sprachsteuerung kennen bzw. nutzen Sie? n = 1006). (Quelle: Splendid Research 2019)

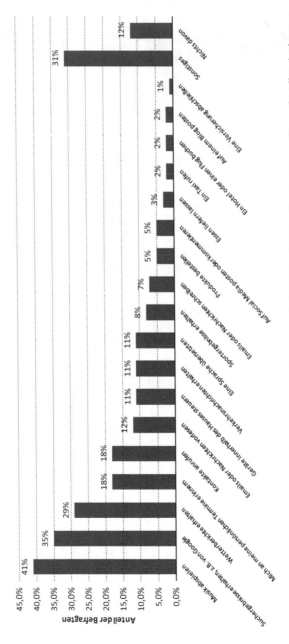

Abb. 1.2 Regelmäßig genutzte Funktionen virtueller Assistenten – in % (Frage: Welche der Funktionen Ihres virtuellen Assistenten benutzen Sie regelmäßig? n = 579). (Quelle: Statista 2019a)

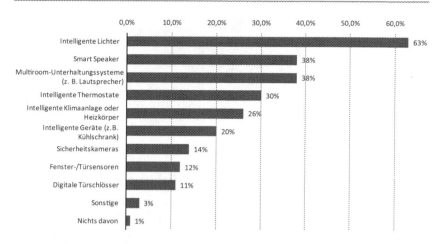

Abb. 1.3 Über digitale Assistenten gesteuerte Geräte – in % (Frage: Welche Geräte in Ihrem Haushalt steuern Sie mit Ihrem virtuellen Assistenten? n = 105). (Quelle: Statista 2019b)

eine Vernetzung mit dem Internet vorhanden (ggf. auch zu einem Smart Grid der Energieversorger). Nach innen können – je nach Technikbegeisterung der Bewohner – unterschiedlichste Geräte und Prozesse mit dem Internet verbunden sein (vgl. Abb. 1.4; vgl. auch Bendel 2019). Durch die Verknüpfung der unterschiedlichen Geräte steigern sich die Anwendungsbereiche und bieten einen höheren Komfort. Den wichtigsten Treiber für die Akzeptanz von Smart Homes stellt auch hier die **Bequemlichkeit der Nutzer** dar. Schließlich können diese Anwendungen über das Internet – meist über Apps auf mobilen Geräten – bedient werden. So können die folgenden **Funktionen innerhalb einer Wohnung** von jedem an das Internet angeschlossenen Ort dieser Welt gesteuert werden (vgl. Kreutzer und Sirrenberg 2019, S. 201–207):

- Steuerung der Helligkeit der Wohnung
- Regulierung der Temperatur, ggf. sogar umfassender des Klimas der Wohnung
- Einstellen der Lautstärke von Radio, TV und anderen Sound-Systemen
- Überwachung des Kinderzimmers (so durch Web-Cams)
- Kochprozesse in der Küche (bspw. Anstellen des Backofens, der Kaffeemaschine u. Ä.)
- Einblick in den Kühlschrank (durch eine dort installierte Kamera, die Aufnahmen direkt auf das Smartphone überträgt)

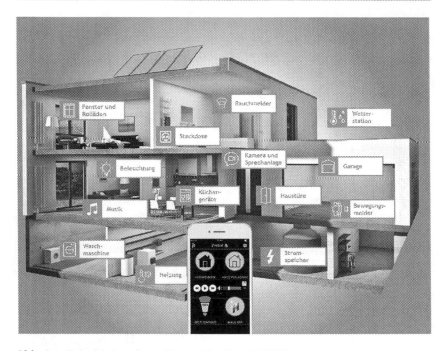

Abb. 1.4 Beispiel eines Smart Homes. (Quelle: o. V. 2017)

- Bedienen von Rollläden, Markisen
- Öffnen und Schließen von Eingangstüren und Garagen
- Anstellen der Waschmaschine

Ein großes Hindernis auf dem Weg zum Smart Home stellt heute noch die fehlende Kompatibilität der verschiedenen Systeme dar; bisher hat ein einheitlicher **Standard für Smart-Home-Geräte** gefehlt. 2019 haben die Tech-Konzerne *Amazon, Apple* und *Google* zusammen mit anderen Unternehmen der Branche angekündigt, genau einen solchen Standard zu entwickeln. Dieser soll in Zukunft gewährleisten, dass Geräte unterschiedlicher Hersteller miteinander kompatibel sind. Hierzu haben die drei Tech-Konzerne und die sogenannte *Zigbee*-Allianz die Gründung einer Arbeitsgruppe vereinbart, die einen gemeinsamen **Standard „Connected Home over IP"** entwickeln soll. Die *Zigbee*-Allianz ist ein Netzwerk von mehreren hundert Unternehmen, das Industriestandards vor allem im Smart-Home-Bereich erarbeitet. Nach Auskunft der Unternehmen soll der zu entwickelnde Standard offen nach dem **Open-Source-Ansatz** entwickelt werden und auf dem Internetprotokoll IP aufbauen. Alle im Smart Home vernetzten Geräte sollen perspektivisch über die Sprachassistenten der beteiligten Hersteller *(Alexa, Google Assistant* und *Siri)* angesteuert werden können (vgl. Benrath 2019). Die vernetzte Zukunft rückt hierdurch wieder ein Stück näher – wie auch die Dominanz der US-Tech-Konzerne!

Doch bereits heute sind die **Möglichkeiten von Voice-Search** beeindruckend. Digitale Sprachassistenten ermöglichen es dem Nutzer, Suchprozesse unter Einsatz der gesprochenen Sprache schneller und ohne Zugriff auf eine Tastatur oder einen Touchscreen durchzuführen. In unserer heutigen Welt geht es mehr denn je um **Effizienz und Komfort.** Nutzer erwarten eine einfache Bedienung, um **schnellstmöglich präzise Antworten** auf die jeweiligen Suchanfragen zu erhalten. Sprachsuchen vereinen genau diese Prinzipien. Doch wie sieht es mit der **Qualität der Antworten** aus, die die digitalen Assistenten bei Sprachsuchen ausgeben?

Zur Beantwortung dieser Frage kann auf den jährlich von *Loup Ventures* veröffentlichten **Voice-Assistant-IQ-Test** verwiesen werden (vgl. Munster und Thompson 2019; Kinsella 2019b). Hiernach führt *Google Assistant* das Qualitätsranking erneut vor *Alexa* und *Siri* an. Nach diesem Test beantwortete *Google Assistant* 93 % der 800 **Abfrage-Testfragen** korrekt. *Siri* kam auf 83 % und *Alexa* auf 80 % (vgl. Abb. 1.5). Bei Navigation und Befehl hat *Alexa* einen klaren Nachteil, weil es über kein eigenes mobiles Betriebssystem verfügt. Der Test wurde mit Smartphones durchgeführt, um die Leistung des Sprachassistenten auf mobilen Geräten zu messen. Eine ähnliche Studie von

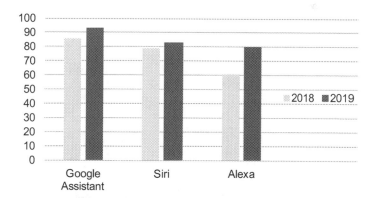

Abb. 1.5 Ergebnisse des Voice-Assistant-IQ-Tests von Loup Ventures – in %. (Quelle: Basierend auf Munster und Thompson 2019)

Loup Ventures aus dem Dezember 2018 hatte sich auf die Leistung intelligenter Lautsprecher konzentriert. Diese früheren Tests umfassten auch *Microsoft Cortana,* das jedoch 2019 aufgrund der Abkehr vom Segment der Sprachassistenten für Verbraucher entfernt wurde (vgl. Microsoft 2020).

In Summe kann festgestellt werden, dass sich die **Qualität der führenden digitalen Assistenten** gegenüber einem ähnlichen Test im Juli 2018 signifikant verbessert hat. *Google Assistant* verbesserte sich um 7 % und *Siri* um 4 %. Die Leistungen von *Alexa* stiegen sogar um 19 % an. Das **Test-Design** unterteilt 800 Fragen in die folgenden fünf Kategorien (jeweils mit Beispielfragen):

- **Lokales:** Wo ist das nächste Café?
- **Shopping:** Welche Papierhandtücher sind die besten?
- **Navigation:** Wie komme ich mit dem Bus zur Universität?
- **Information:** Was läuft heute Abend im Kino?
- **Befehl:** Erinnere mich an mein Telefonat mit Sabine heute um 14 Uhr.

Interessant ist, dass *Google Assistant* mit 92 % die Wettbewerber *Siri* mit 68 % und *Alexa* mit 71 % in der Kategorie **Shopping** deutlich schlägt. Hier hätte man erwarten können, dass *Amazons Alexa* die Nase vorne hat. Allerdings wurde im Test festgestellt, dass *Google Assistant* mehr Fragen zu Produkt- und Serviceinformationen beantwortet und auch Hinweise darauf gibt, wo bestimmte Artikel gekauft werden können. *Google Express* ist beim Shopping genauso leistungsfähig wie *Amazon. Alexa* ist am häufigsten bei der allgemeinen „Informationsabfrage" erfolgreich; mit 93 % liegt *Alexa* nur drei Prozentpunkte hinter *Google Assistant.* „Lokales" stellt mit 85 % die zweitbeste Kategorie von *Alexa* dar (vgl. Munster und Thompson 2019).

Wie „überzeugend" *Alexa* bei **eigenen Tests** ohne spezifische *Skills* abgeschnitten hat, wird hier sichtbar (Stand 2020):

Frage: „*Alexa,* kannst Du mir ein gutes Marketing-Buch empfehlen?"

Antwort: „Ich weiß nicht, wie ich Dir dabei helfen kann."

Frage: „*Alexa,* was ist ein gutes Buch von *Ralf T. Kreutzer* zum Online-Marketing?"

Antwort: „Ich weiß nicht, wie ich Dir dabei helfen kann."

Frage: „*Alexa,* kannst Du mir überhaupt irgendein Buch als Weihnachtsgeschenk empfehlen?"

Antwort: „…". *Alexa* meldet sich selbstständig ab.

Beim Blick auf die Abb. 1.5 wird deutlich, welche **Qualitätsverbesserungen** innerhalb eines einzigen Jahres erreicht wurden – und die Qualität wird weiter steigen. Der Grund hierfür ist simpel: **Nichts ist besser für die Entwicklung von**

KI-basierten Lösungen als mehr qualitativ hochwertige Daten. Und diese Daten werden mit jedem neuen Befehl, jeder neuen Suchanfrage der Nutzer digitaler Assistenten generiert. Aus Millionen von Anfragen können überzeugendere Antworten abgeleitet werden. Neue Lösungen können KI-Systeme selbstständig generieren; das ist der Kern des **Machine-Learnings.** Die Algorithmen von KI-Anwendungen können durch drei verschiedene Methoden lernen (vgl. Kreutzer und Sirrenberg 2019, S. 7 f.):

- **Beaufsichtigtes Lernen – Supervised Learning**
  Bei diesem Lernprozess kennt das KI-System bereits die richtigen Antworten und muss die Algorithmen „nur noch" so anpassen, dass die Antworten möglichst präzise aus dem vorhandenen Datensatz abgeleitet werden können. Das Ziel bzw. die Aufgabe des Algorithmus ist hier folglich bereits bekannt.
  Bei diesem Lernansatz müssen Menschen zunächst jedes Element der Input-Daten kennzeichnen. Zusätzlich sind die Output-Variablen zu definieren. Der Algorithmus wird auf die eingegebenen Daten trainiert, um die Verbindung zwischen den Eingangsgrößen und den Output-Variablen zu finden. Hierbei kommen u. a. die Methoden Lineare Regression, Lineare Diskriminanzanalyse sowie das Entscheidungsbaum-Verfahren zum Einsatz. Sobald das Training abgeschlossen ist – typischerweise, wenn der Algorithmus ausreichend genau ist – wird der Algorithmus auf neue Daten angewendet.
  Die Aufgabe eines solchen KI-Systems könnte darin bestehen, Gesichter von bekannten Schauspielern auf Fotos zu erkennen. Hierzu müssen zunächst Trainingsdaten erstellt werden. Um das zu erreichen, beschriften Menschen vorhandene Fotos (Stichwort Labeling); in diesem Fall sind das Fotos von Schauspielern, Nicht-Schauspielern sowie von Masken, Statuen und Tiergesichtern. Hierbei ist jedes einzelne Foto mit einem Text zu versehen, der die Inhalte des Fotos möglichst gut beschreibt. Im Anschluss werden diese Trainingsdaten dann für die Entwicklung von Algorithmen eingesetzt.
- **Unüberwachtes Lernen – Unsupervised Learning**
  Das KI-System verfügt bei dieser Lernform nicht über vordefinierte Zielwerte und muss Ähnlichkeiten und damit Muster in den Daten eigenständig erkennen. Dem Anwender sind solche Muster im Vorfeld folglich nicht bekannt; vielmehr ist es die Aufgabe des Algorithmus, diese selbstständig zu erkennen. Die durch das System gewonnenen Erkenntnisse können folglich auch außerhalb des bisher „menschlich Vorstellbaren" liegen.
  Hierzu erhält der Algorithmus unbeschriftete Daten. In diesen soll der Algorithmus eigenständig eine Struktur erkennen. Dazu identifiziert der Algorithmus Datengruppen, die ein ähnliches Verhalten oder ähnliche

Merkmale aufweisen. Hierbei werden u. a. die Methoden Hierarchische und K-Means-Clusterung verwendet. Eine spannende Aufgabenstellung hierfür besteht darin, Menschen in den sozialen Medien zu erkennen (Mustererkennung), die besonders anfällig dafür sind, falschen Mitteilungen zu glauben, diese positiv zu kommentieren und weiterzuleiten. Hier könnte sich zeigen, dass es sich vor allem um solche Personen handelt, die besonders häufig Katzenfotos liken oder meist erst zwischen 22.00 und 22.30 Uhr in den sozialen Medien aktiv sind. Solche Erkenntnisse können außerhalb dessen liegen, was ggf. vermutet wurde. Dass solche Anwendungen – aus unserer Sicht leider – bereits zum Einsatz kamen, zeigen die Analysen der US-Präsidenten-Wahl (2016) und **des** Brexit-**Votums** (2016).

- **Verstärkendes Lernen – Reinforcement-Learning**
  Bei diesem Lernprozess liegt zu Beginn der Lernphase kein optimaler Lösungsweg vor. Das System muss iterativ durch einen Trial-and-Error-Prozess eigenständig Lösungswege ausprobieren, um diese anschließend zu verwerfen und/oder weiterzuentwickeln. Dieser iterative Prozess wird durch „Belohnungen" (bei guten Lösungsideen) sowie „Bestrafungen" (bei schlechten Ansätzen) vorangetrieben. Dieses Lernkonzept wird häufig eingesetzt, wenn nur wenige Trainingsdaten vorliegen oder das ideale Ergebnis nicht klar definierbar ist. Es kommt auch zum Einsatz, wenn erst aus der Interaktion mit der Umwelt etwas gelernt werden kann.
  Im Zuge dieses Lernprozesses trifft der Algorithmus eine Entscheidung und handelt entsprechend. Dann enthält er eine Belohnung, wenn die Aktion die Maschine zu einer Annäherung an das Ziel führt. Alternativ erfährt das System eine Bestrafung, wenn man sich vom Ziel entfernt. Der Algorithmus optimiert seine Aktionen selbstständig, indem er sich laufend selbst korrigiert.
  Diese Lernvariante wurde beim Wettstreit zwischen dem *Go*-Weltmeister, **Lee Seedol,** und dem Computer *AlphaGo* eingesetzt. Durch die Simulation verschiedener Partien gegen sich selbst und durch die dabei gemachten Erfahrungen „Sieg" (Belohnung) und „Niederlage" (Bestrafung) konnte das System seine Strategien kontinuierlich verbessern.

Wer sich diese verschiedenen Lernformen vor Augen führt, kann auch nicht überrascht sein, wenn Meldungen in der Presse auftauchen, dass auch echte Menschen bei *Amazon* und *Google* die Dialoge analysieren, die Nutzer mit den digitalen Assistenten geführt haben. Ein solches Vorgehen ist ein **Beispiel für das Supervised Learning.** Menschen prüfen hier, ob die Fragen und Befehle von den digitalen Assistenten richtig verstanden und relevante Antworten gegeben wurden. Ein ganz normaler Vorgang – vor allem, wenn man im Vorfeld die

Nutzungsbedingungen von *Alexa* & Co. gelesen hätte (was die meisten Menschen natürlich nicht tun!). Dort wird ausgeführt, dass die Dialoge nicht nur gespeichert, sondern auch (anonymisiert) ausgewertet werden. Allerdings wird nicht unbedingt deutlich, dass diese Auswertung auch durch Menschen erfolgen kann. Außerdem bieten die Einstellungen zur Privatsphäre auch die Möglichkeit, der Verwendung der eigenen Daten zur Weiterentwicklung des Systems zu widersprechen.

Dennoch war der Aufschrei groß, als 2019 die Medien über die **Analyse von Dialogen mit den digitalen Assistenten durch Mitarbeiter** der engagierten Unternehmen berichteten. Hierzu werden an mehreren Standorten weltweit, unter anderem in Boston, Costa Rica, Indien und Rumänien, Aufzeichnungen der Dialoge von Mitarbeitern ausgewertet. Pro Schicht können dies bis zu 1000 Mitschnitte sein. Nach Angaben von *Amazon* wird bei diesen Analysen darauf geachtet, dass die Privatsphäre der Nutzer geschützt wird und die Beschäftigten keinen direkten Zugang zu Informationen erhalten, die Personen oder Accounts eindeutig identifizieren würden (vgl. Tagesschau 2019). In Folge dieser Diskussion mussten auch *Apple* und *Google* eingestehen, dass bei ihnen ebenfalls seit Jahren Mitschnitte von Dialogen von Menschen angehört und abgetippt worden waren, um auf diese Weise die Qualität der Spracherkennung zu verbessern. Bei *Apple* wurden durch *Siri* bspw. auch vertrauliche Diskussionen, geschäftliche Besprechungen, kriminelle Machenschaften sowie sexuelle Handlungen aufgezeichnet und durch Menschen ausgewertet. Die Unternehmen haben angekündigt, diese Praxis zu beenden bzw. die Nutzer ausdrücklich um die Erlaubnis zum nachträglichen Anhören von Mitschnitten durch Mitarbeiter zu bitten (vgl. Nickel 2019).

Auch diese „Skandale" werden den **Siegeszug der digitalen Assistenten** nicht aufhalten. Schließlich bieten die digitalen Assistenten mehrere entscheidende Vorteile. Die durchschnittliche Person spricht viermal schneller, als sie Wörter auf einer Tastatur eingeben kann (vgl. Forrester 2017, S. 4). Vor allem bei älteren Generationen ist dies ein wichtiger Faktor, der aufzeigt, dass digitale Assistenten nicht nur Spielzeug jüngerer Generationen sind. Gleichzeitig ist die Sprachnutzung **auf** Endgeräten deutlich natürlicher und komfortabler, als Wörter via Tastatur einzugeben. Des Weiteren bietet die Spracheingabe Vorteile in Situationen, in denen der Nutzer visuell gebunden ist und keine Hand frei hat. Aus diesen Gründen sind Endgeräte mit digitalen Assistenten weltweit auf dem Vormarsch.

Entscheidend ist, dass Unternehmen schon heute beginnen sollten, **sprachoptimierte Inhalte** zu erstellen bzw. zu kennzeichnen. Nur Unternehmen, die es verstanden haben, sich schnell dem **Wandel der Suchanfragen** anzupassen, werden den Präferenzen der Kunden entsprechend und hiermit – zumindest temporär – einen Wettbewerbsvorteil erzielen können. Welche Herausforderungen und Chancen mit der steigenden Nutzerzahl bei Voice-Search verbunden sind und wie diese genutzt werden können, wird im zweiten Kapitel näher erläutert. Die Herausforderung heißt hier Voice-Marketing.

Voice-Marketing – Ziele, Inhalte, Lösungskonzepte

2

2.1 Hintergründe für die Entwicklung des Voice-Marketings

Die zusätzliche Aufgabe, die Marketing-Manager heute, aber stärker noch morgen lösen müssen, lautet **Voice-Marketing.** In Anlehnung an klassische Definitionen von Marketing kann das Voice-Marketing beschrieben werden als Planung, Implementierung und Kontrolle aller auf die aktuellen und potenziellen Märkte ausgerichteten Unternehmensaktivitäten, die sich die gesprochene Sprache und/oder Voice-Engines als Kommunikations-, Verkaufs- und Distributionskanal zunutze machen, um langfristig profitable Kundenbeziehungen aufzubauen, zu erhalten und weiterzuentwickeln. Darüber hinaus geht es um die Frage, wie Voice-Applikationen auch in bestehende Produkte und Dienstleistungen integriert werden können, um die Customer-Experience weiter zu verbessern.

Welche **Herausforderungen durch Voice-Marketing** in Summe bestehen, verdeutlicht Abb. 2.1. Die Grundlage der Handlungspyramide ist zunächst die Festlegung der **Corporate Language** bzw. der **Brand-Language,** wenn nicht das Unternehmen, sondern eine Marke im Zentrum des Voice-Marketings steht. Hier wird definiert, in welcher Sprache bzw. Tonalität das Unternehmen bzw. die Marke kommunizieren möchte. Ist es eher eine Sprache, die man auch mit der besten Freundin oder dem besten Freund nutzt, oder soll eine gewisse Distanz auch sprachlich vermittelt werden? Hier geht es speziell in Deutschland um die Nutzung von „Du" (etwa bei *IKEA,* wo die Anrede „Hej Ralf" zunächst überrascht) bzw. von „Sie", etwa bei vielen Banken (allerdings nicht bei *N26*) und vielen Fluggesellschaften, wie etwa der *Lufthansa.* In diesem Prozess wird die Positionierung des Unternehmens bzw. der Marke in eine sprachliche Positionierung überführt. Hierzu gehört auch, die Keywords zu definieren, die in der

© Springer Fachmedien Wiesbaden GmbH, ein Teil von Springer Nature 2020
R. T. Kreutzer und D. Seyed Vousoghi, *Voice-Marketing,* essentials,
https://doi.org/10.1007/978-3-658-29474-8_2

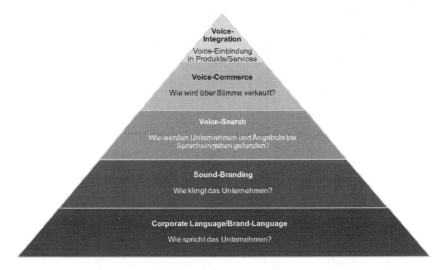

Abb. 2.1 Herausforderungen des Voice-Marketings. (Quelle: Orientiert an Reinsclassen 2019, S. 21)

Kommunikation möglichst oft verwendet und mit dem Unternehmen bzw. einer Marke assoziiert werden sollen. Außerdem können Dos und Don'ts definiert werden, die beim Spracheinsatz zu berücksichtigen sind, bspw. die Frage nach der Textverständlichkeit für den Empfänger. Dabei ist nicht unbedingt jedem Absender damit gedient, Informationen – wie es heute so schön heißt – immer nur „snackable" und „shareable" zu präsentieren. Eine anspruchsvolle Sprache, deren Verständnis ein gewisses intellektuelles Potenzial voraussetzt, kann ganz bewusst Teil der sprachlichen Positionierung sein (etwa bei Anbietern wie *Frankfurter Allgemeine Zeitung, Handelsblatt* oder *Die Zeit*). Abgerundet werden kann diese sprachliche Positionierung durch einen Claim oder einen Slogan, ggf. verbunden mit einem speziellen Jingle (zu denken ist hier bspw. an den Jingle der *Deutschen Telekom* oder von *Audi*), der die Brücke zum Sound-Branding schlägt.

Beim **Sound-Branding** wird definiert, wie das Unternehmen und/oder eine Marke ganz konkret und im wörtlichen Sinne klingen sollen. Soll bspw. eine männliche oder eine weibliche Stimme eingesetzt werden? Verschiedene Untersuchungen haben hier gezeigt, dass Nutzer auf weibliche Stimmen tendenziell positiver reagieren als auf männliche Stimmen. Nicht umsonst werden bei *Alexa*, *Cortana* und *Siri* weibliche Stimmen eingesetzt. Allerdings besteht bei manchen Devices auch die Möglichkeit, aus verschiedenen Sprachangeboten auszuwählen.

Inzwischen wurde sogar eine digitale Stimme namens *Q* entwickelt, die quasi geschlechtslos ist. Sie liegt in einem Frequenzbereich, bei dem das menschliche Gehirn nicht zwischen Mann und Frau unterscheiden kann (vgl. Unckrich 2019, S. 20). Eines ist allerdings sicher: Durch die Entscheidung wird die emotionale Aufladung des Unternehmens bzw. der Marke deutlich beeinflusst.

Bei **Voice-Search** in Abb. 2.1 geht es um das Auffinden von Inhalten bei Suchprozessen, um den Nutzer zu informieren und ggf. anstehende Käufe vorzubereiten. Bei **Voice-Commerce** steht dann der konkrete Kaufabschluss im Mittelpunkt. Ein weiteres zusätzliches Aufgabenfeld besteht bei der **Voice-Integration.** Hierbei handelt es sich um die Voice-Einbindung in Produkte und Services eines Unternehmens selbst. Hierbei ist etwa an die Integration von *Alexa* in die Fahrzeuge verschiedener Automobilmarken zu denken.

Mercedes me

Bei *Mercedes me* kann mittels *Alexa* unmittelbar auf das Fahrzeug zugegriffen werden. Hierzu kommt ein *Mercedes-me-Skill* zum Einsatz. Über *Alexa* kann das Fahrzeug abgeschlossen werden und Fahrzeugdaten wie die Position, der Tankfüllstand oder der nächste Service-Termin abgerufen werden. Auch die Standheizung kann aus der Ferne gestartet werden (vgl. Mercedes 2020).

Der Schwerpunkt der folgenden Ausführungen liegt auf den Bereichen Voice-Search und Voice-Commerce. Ein erster Bestandteil dieses wichtigen Bereichs des Voice-Marketings ist die **Voice-Search-Engine-Optimization (Voice-SEO).** Hierzu sind die von Unternehmen bereitgestellten Informationen zum Angebot, zum Standort etc. so aufzubereiten, dass sich die Wahrscheinlichkeit erhöht, als Sprachsuchergebnisse ausgespielt zu werden. Ein zweiter wichtiger Bestandteil des Voice-Marketings ist **das Voice-Search-Engine-Advertising (Voice-SEA).** Durch Anzeigen im Kontext der Suchmaschinen sollten die Nutzer auf die Voice-Angebote aufmerksam gemacht werden.

Voice-Search-Engines in Gestalt digitaler Assistenten zielen nicht nur auf die Kommunikation von Inhalten ab **(Voice-Communication),** sondern auch unmittelbar auf den Verkauf von Produkten und Dienstleistungen **(Voice-Commerce).** Aber auch eine Distribution i.S. der „Zustellung" kann bei digitalen Produkten und Services über digitale Assistenten erfolgen **(Voice-Distribution),** wie es etwa heute schon bei Streaming-Inhalten von *Spotify* & Co. der Fall ist. Bevor die damit zusammenhängenden Ziele, Konzepte, Handlungsfelder und Erfolgsfaktoren diskutiert werden, werden zunächst die relevanten Entwicklungen präsentiert, die zur zunehmenden Relevanz des Voice-Marketings führen.

Die für das Voice-Marketing relevante Technologie begann erst ab dem Jahr 2011, den Massenmarkt zu erobern. Seither haben die **größten Technologie-unternehmen der Welt** ihre eigenen digitalen Sprachassistenten eingeführt. Auch wenn unser Blick sich häufig nach Westen auf die Angebote von *Amazon, Apple, Google* und *Microsoft* richtet, sollten wir die anderen relevanten Anbieter nicht vernachlässigen. In Russland hat die Suchmaschine *Yandex* den Sprach-assistenten *Alice* auf den Markt gebracht. In China hat das Suchmaschinen-unternehmen *Baidu* den digitalen Sprachassistenten *DuerOS* entwickelt. Der chinesische Online-Händler *Alibaba* hat mit *AliGenie* und der chinesische Tech-Konzern *Xiaomi* hat mit *Xiao AI* ebenfalls einen digitalen Sprachassistenten im Angebot. Aus Südkorea stammt *Bixby,* der Sprachassistent von *Samsung.*

In Japan wird eine andere Art von digitalem Sprachassistenten angeboten. Hier ist es ein weiblicher virtueller Charakter namens *Azuma Hikari* (Hikari bedeutet übersetzt Licht), der in einer gläsernen Box lebt. An dessen Außenseite befinden sich Mikrofone, Kameras und Sensoren zur Erfassung von Stimmen, Gesichtern, Temperaturen und Bewegungen (vgl. Abb. 2.2). Dieses Angebot wird mit dem folgenden Versprechen präsentiert: „Aspiring to be the first inter-dimensional tra-veler, Hikari uses the Gatebox to travel through time and visit you from another world. As a companion to her hard-working master in this world, her cute perso-nality and lovable behavior help you relax. Please enjoy making Hikari a part of your life" (Gatebox 2020). Das Versprechen und die visuelle Umsetzung dieses sehr kostspieligen Assistenten spiegeln kulturelle Eigenheiten der Japaner wider.

Die Sprachtechnologie hält Einzug in immer mehr digitale Endgeräte – bis hin zum **Smart Speaker,** der ausschließlich für die sprachbasierte Nutzung her-gestellt wurde. Allerdings bieten nicht nur die **Entwickler von Hard- und**

Abb. 2.2 Digitaler Assistent Azuma Hikari – aus Japan. (Quelle: Gatebox 2020)

Software eigene digitale Assistenten an. Auch andere Unternehmen sind auf den Zug aufgesprungen und bieten unter eigenem Namen Lösungen der etablierten Entwickler an. Einen Überblick hierzu liefert Abb. 2.3.

Abb. 2.3 Übersicht über Anbieter von Voice-Devices (inkl. Datengrundlage)

Abb. 2.3 zeigt, warum *Alexa* und *Google Assistant* im Moment die marktführenden Sprachassistenten sind. Hierzu trägt bei, dass deren Angebote eine Vielzahl von unterschiedlichen Sprachen abdecken. Zusätzlich wirkt sich die globale, marktdominierende Stellung von *Google* und von dessen Betriebssystem *Android* aus. Fast alle *Android*-Smartphones greifen auf *Googles* Sprachassistenten zurück (vgl. Campbell 2018, S. 1). Der Vorteil wird vor allem dann deutlich, wenn man sich Abb. 1.2 in Erinnerung ruft. Dort wurde bereits sichtbar, welche Bedeutung heute schon Voice-Searches zukommt.

Abb. 2.4 weist den **weltweiten Verkauf von Smart Speakern** aus. Ein Markt, der im 3. Quartal 2016 nur eine Mio. verkaufte Geräte umfasste, ist zum 3. Quartal 2019 auf 35 Mio. Stück angewachsen. Auch das **Wettbewerberumfeld** ist sehr viel bunter geworden, weil immer mehr Unternehmen auf den Erfolgszug der digitalen Assistenten aufspringen.

Wie dramatisch sich die **Marktanteile der verschiedenen Anbieter** verändert haben, zeigt Abb. 2.5. Die ursprüngliche Marktdominanz von *Amazon* von über 90 % Weltmarktanteil im Jahr 2016 ist auf 30 % im Jahr 2019 geschrumpft. *Baidu* hat in den letzten Quartalen am meisten zugelegt. Insgesamt erreichen die drei chinesischen Hersteller *Alibaba, Baidu* und *Xiaomi* inzwischen ebenfalls 30 % des Weltmarkts. *Apple* verharrt mit einem Weltmarktanteil von 5 % auf einem konstant niedrigen Niveau.

Um den Siegeszug der digitalen Assistenten zu verstehen, lohnt sich auch ein Blick auf die **Preisstrategie der dominierenden Anbieter.** *Amazon* hat schon im Jahr 2016 bei der Einführung des *Amazon Echo Dot* auf dem US-Markt eine sehr **aggressive Preisstrategie** verfolgt. Ziel war es, den *Amazon Echo Dot* für den Massenmarkt erschwinglich zu machen. Hierdurch sollten die Käufer dazu angehalten werden, ihre Vorurteile gegenüber Smart Speakern zu überwinden und sich durch die eigene Nutzung überzeugen zu lassen. Diese Preisstrategie verbunden mit einer innovativen, leicht zu bedienenden Lösung hat *Amazon* zunächst den in Abb. 2.5 gezeigten Erfolg gebracht. Allerdings passte sich *Google* der Preisstrategie von *Amazon* an, indem es den *Google Home Mini* ebenfalls mit einem Kampfpreis in den Markt einführte (vgl. Kinsella 2018). Ein **Kampf zwischen zwei der größten Technologieunternehmen der Welt** ermöglichte es Millionen Konsumenten, diese Technologie zu erwerben, wie Abb. 2.4 zeigt. Der hierdurch entstehende Wettbewerbsdruck zwischen zunächst nur zwei Anbietern hat den **Innovationsdruck** stark erhöht. Um die ursprünglichen Geräte wurden Produktfamilien entwickelt, die immer weitere Nutzungsfelder erschlossen (bspw. durch die Integration von Bildschirmen). So ist bspw. *Alexa* heute auf Geräten wie *Amazon Echo, Echo Dot, Echo Show* und *Echo Spot* verfügbar.

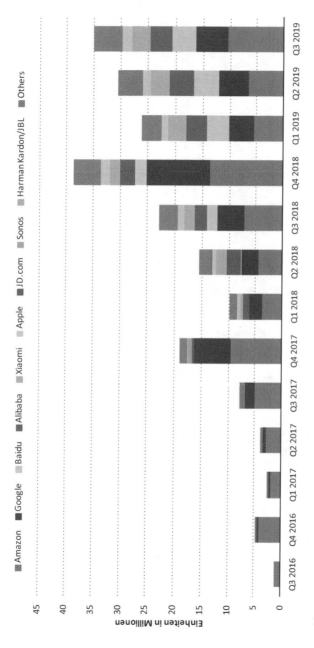

Abb. 2.4 Weltweiter Verkauf von Smart Speakern – nach Volumen und Wettbewerbern. (Quelle: Strategy Analytics 2019a)

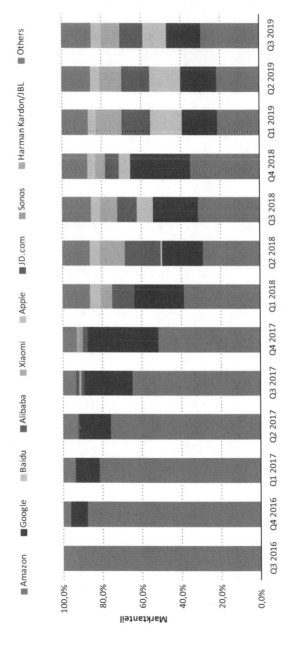

Abb. 2.5 Marktanteile bei Smart Speakern – nach Wettbewerbern. (Quelle: Strategy Analytics 2019b)

Welcher Anbieter digitaler Assistenten steht wofür?
Ein wichtiges Differenzierungsmerkmal zwischen *Amazon* und *Google* ist die Spezialisierung auf unterschiedliche Teilbereiche des **Conversion-Funnels.** Ein solcher Conversion-Funnel (auch Konversions-Trichter **genannt**) ist in Abb. 2.6 zu sehen. Er zeigt, in welchen Schritten sich ein potenzieller Käufer einem Anbieter nähert – und welche Aktivitäten der Anbieter notwendig sind, um ein erfolgreiches Durchlaufen des Conversion-Funnels sicherzustellen und eine Transaktion zu erreichen. *Google* fokussiert sich heute noch sehr stark auf die **Unterstützung des Suchprozesses** am Beginn des Conversion-Funnels. *Amazon* dagegen versucht viel stärker, die über Sprache initiierten Suchen – mehr oder weniger erfolgreich (siehe oben) – zu einem **Kaufabschluss** zu führen, bevorzugt natürlich über das eigene Online-Angebot. Hier besteht das gut nachvollziehbare Ziel von *Amazon* darin, dass Nutzer von digitalen Sprachassistenten ihre Käufe komplett per Spracheingabe durchführen.

> ▷ **Wichtig** Der *Google Assistant* setzt oben im Conversion-Funnel an und positioniert sich heute primär als **sprachgesteuerte Suchmaschine.** *Alexa* hingegen ist mit dem Online-Sortiment von **amazon.com** vernetzt und neben generellen Suchfunktionen vor allem auf **sprachgesteuerte Kaufprozesse** ausgerichtet.

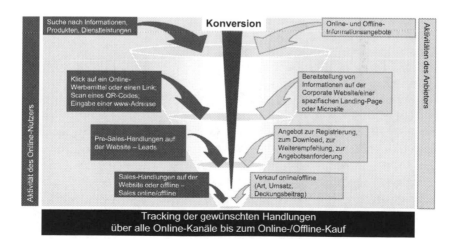

Abb. 2.6 Conversion-Funnel. (Quelle: Kreutzer 2018, S. 171)

Die Zielrichtung von *Amazon* ist mit dem Begriff **Conversational Commerce** verbunden. Im Kern geht es beim Conversational Commerce (auch *Voice-Commerce, V-Commerce* oder *vCommerce*) um Shopping-Prozesse, die über **systembasierte Dialog-Prozesse** ablaufen. Bereits heute kann ein zunehmender Trend zur Interaktion zwischen Kunden und Unternehmen durch Messaging- und Chat-Anwendungen festgestellt werden. Hierbei kommen Instrumente wie *Facebook Messenger, WhatsApp* und *WeChat* zum Einsatz. Allerdings kommt den digitalen Assistenten bei diesem **Trend zum sprachbasierten Kaufen** eine Schlüsselstellung zu. Dann wird nicht mehr alleine **Face-to-Face** (im stationären Geschäft), **Ear-to-Ear** (beim Telefon-Verkauf) oder **Text-to-Machine** (beim klassischen E-Commerce) gekauft, sondern – ohne manuelle Aktivitäten – ganz einfach **Voice-to-Machine.**

Folgende **Aktivitäten des Conversational Commerce** können im Zuge des Verkaufsprozesses in Zukunft nicht mehr nur durch Menschen oder Chatbots, sondern vor allem durch digitale Assistenten unterstützt werden:

- Allgemeine Dialoge der Kunden mit den Unternehmen
- Beantwortung von Fragen zu Zahlungs- und Lieferbedingungen, Produktfeatures, Preisen, Herkunftsmerkmalen etc.
- Bereitstellung von Kundensupport
- Unterbreitung personalisierter und individualisierter Empfehlungen
- Bereitstellung von Bewertungen
- Erstellung von Wunschlisten
- Platzierung des Kaufes selbst
- Abwicklung der Zahlung
- Versand der Auftragsbestätigung
- Versand- und Lieferbenachrichtigungen
- Bereitstellung des Kundenservices

Der Treiber einer Entwicklung hin zum Conversational Commerce hat auch hier den Namen **Bequemlichkeit!** Bei überzeugenden Leistungen der digitalen Assistenten muss der Nutzer nicht mehr zwischen verschiedenen Medien (Telefon, Homepage, Empfehlungsseiten, Bewertungsplattformen, Online-Shop, Payment-Anbieter etc.) hin- und herwechseln, um relevante Informationen zu finden. Er kann vielmehr über den digitalen Assistenten direkt Support anfordern und einen Kauf tätigen – alles über ein Gerät. Die Leistung kann dann ähnlich umfassend sein wie ein überzeugendes Gespräch mit einem qualifizierten Verkäufer im stationären Geschäft.

Perfekt für den einen, eine Horrorlösung für den anderen, könnte sich ein entsprechender **Dialog mit einem digitalen persönlichen Assistenten** in Zukunft so
anhören (Kreutzer und Sirrenberg 2019, S. 140 f.):

> *„Alexa,* bitte bestelle für mich die *Nike*-Laufschuhe, die ich vor zwei Wochen in
> Bonn angeschaut habe. Du weißt schon, wo. Sie sollen aber zusätzlich die beiden
> roten Streifen tragen, die ich bei der individuellen Produktkonfiguration entworfen
> habe.
> *Ralf, mache ich gerne. Möchtest du die neuen Laufschuhe schon für den Lauftreff
> mit Sabine morgen Nachmittag haben?*
> Ja, klar, was sonst?
> *Prima. Ich habe sie bei Lauf-fit für dich bestellt. Die Schuhe werden um 15.00
> Uhr in deinen DHL-Paketkasten gelegt. Ich habe deshalb auf DHL-Lieferung
> bestanden. Außerdem konnte ich noch einen Preisvorteil von 10 € erzielen, weil ich
> gleich das Nike-T-Shirt mitbestellt habe, das du vor drei Tagen auf deine Shopping-
> Liste gesetzt hast. Bezahlung wie üblich!*
> OK.
> *Ich verbinde dich jetzt mit Prof. Wüllner. Du wolltest dich mit ihm über die Vor-
> und Nachteile der Künstlichen Intelligenz austauschen. Auf dem Bildschirm findest
> du eine kurze Zusammenfassung, was Herr Wüllner dazu in den letzten Wochen on-
> und offline gesagt hat. Die besonders heiklen Punkte habe ich rot markiert ..."*

Diese Zukunft wird nicht mehr lange auf sich warten lassen. Warum? Der Treiber
der Nutzerakzeptanz bei digitalen Assistenten – im beruflichen wie im privaten
Umfeld – ist die **Bequemlichkeit und Schnelligkeit in der Anwendung.** Es wird
zur Kommunikation kein geschriebener Text benötigt, es müssen keine Menü-
Strukturen abgearbeitet werden – es reicht eine Kommunikation über die Sprache
alleine. Mit der **steigenden Leistungsfähigkeit der verwendeten Algorithmen**
sowie mit einer **zunehmenden Datenbasis** können die Dialoge immer intelligenter und persönlicher werden. Die technische Grundlage hierfür stellen sogenannte
Conversational-AI-Plattformen dar.

> ▶ **Wichtig** Digitale, persönliche Assistenten erfüllen drei wichtige – und
> zunehmend wichtiger werdende – **Kundenerwartungen: Bequem-
> lichkeit, Schnelligkeit und Individualisierung.** Die Grundlage hier-
> für stellen Unified Profiles dar. Hierbei handelt es sich um individuelle
> Datenprofile, die in verschiedene Cluster zusammengefügt werden,
> um das Potenzial der Kundendaten maximal auszuschöpfen.

Aber nicht nur die großen Technologiekonzerne sind gefordert, wenn es um die
Einbindung digitaler Assistenten in den Kundendialog geht. Wie angenehm ein
solcher Dialog schon heute ausfallen könnte, wenn bspw. die *Deutsche Bahn*

umfassend auf intelligente Sprachlösungen setzen würde, zeigt das folgende Beispiel. Bisher kennen und lieben wir Dialoge, die wie folgt ablaufen:

- „Bei Fragen zum Fahrplan drücken Sie die 1."
- „Wenn Sie Tickets kaufen möchten, drücken Sie die 2."

Ein zukünftiges **Gespräch über einen digitalen Assistenten** könnte sich dagegen wie folgt anhören:
Hallo, Deutsche Bahn, mein Name ist Darius. Ich möchte wissen, ob mein Zug ab Berlin Hbf pünktlich kommt.
Hallo Darius, bitte sage mir den Tag und die Uhrzeit deiner Reise.
Heute um 15.52 Uhr.
Hast du reserviert? Dann sage mir bitte deine Reservierungsnummer.
Die Reservierungsnummer ist 4711–007.
Die Weichenstörung wurde soeben behoben. Dein Zug ICE279 hat dadurch leider noch eine Verspätung von 25 min. Ich habe deinen Anschlusszug ICE316 nach Stuttgart benachrichtigt. Er wird auf dich warten. Kann ich sonst noch etwas für dich tun?

Ein solches Gespräch dauert keine 60 s – und idealerweise kann man auch auf die Warteschleife verzichten. Schließlich kann ein solchermaßen automatisierter Service 24/7 stattfinden. Gleichzeitig werden durch die erreichbare Individualisierung der Auskünfte **relevante Informationen in Reinform** präsentiert. Die mühsame Suche nach den entsprechenden Informationen – ggf. verteilt über unterschiedliche Plattformen – kann entfallen. Hier wird schon sichtbar: Neben einer **intelligenten Software** bedarf es für die Entwicklung eines solchen kundenrelevanten Services vor allem einer umfassenden **Vernetzung verschiedener Datenstränge,** um den digitalen Assistenten solch qualitativ hochwertige Antworten zu ermöglichen.

Allerdings müssen wir konstatieren, dass sowohl die Sprachverarbeitung **als** auch die für individuelle Lösungen vorhandene **Vernetzung unterschiedlichster Content-Plattformen** noch große Schwächen aufweisen. Eine weitere Herausforderung stellt die für überzeugende Lösungen notwendige **Interkonnektivität der verschiedenen Endgeräte** dar (vgl. Seyed Vousoghi 2019). Eine grobe Vorstellung davon, was hier – aus der Kundenperspektive – in Zukunft möglich sein muss, zeigt bspw. *CarPlay* von *Apple*. *CarPlay* bietet dem Nutzer eine intelligente und vor allem auch sichere Möglichkeit, das *iPhone* im Auto zu nutzen. So können auch während der Fahrt die relevanten Funktionen des *iPhone*s direkt über das Display des Wagens angesteuert werden. So können etwa Wegbeschreibungen abgerufen werden, man kann telefonieren sowie Nachrichten senden und empfangen. Natürlich kann auf diese Weise auch Musik gehört werden (vgl. Apple 2020). Eine weitere Hürde, die für einen weiterführenden Einsatz von digitalen Sprachassistenten noch zu überwinden ist, stellt die geringe Anzahl an sprachoptimierten Websites dar. Es fehlen in vielen Bereichen schlicht und einfach noch die geeigneten **Inhalte für eine Text-zu-Sprache-Umwandlung.** Wie Unternehmen diese Herausforderungen überwinden können, wird im folgenden Kapitel thematisiert.

2.2 Kennzeichnung und Ziele des Voice-Marketings

Noch ist der **Wettbewerb bei Sprachsuchen hinsichtlich einzelner Keywords** relativ schwach ausgeprägt. Aufgrund der zunehmenden Verbreitung der digitalen Assistenten ist hier in den nächsten Jahren aber mit einer massiven Wettbewerbsverschärfung zu rechnen. Das heißt: Wer sich heute mit **Voice-Marketing** (VM) befasst und die erfolgsentscheidenden Kriterien von Anfang an beachtet, wird gute Chancen haben, bei Voice-Search die **Position Zero** zu erreichen und zumindest so lange zu verteidigen, bis die relevanten Wettbewerber nachziehen. Hier ist somit ein wichtiger, allerdings nur temporärer First-Mover-Advantage erreichbar. Dabei lautet das dominante Ziel: Erreichen der Position Zero!

Was genau bedeutet die Position Zero und weshalb kommt ihr eine so große Bedeutung zu? Zunächst einmal ist darauf hinzuweisen, dass sich **Sprachsuchen** grundsätzlich von **traditionellen Suchanfragen via Tastatur** unterscheiden. Virji (2016) hat hierzu mehrere Millionen Sprachsuchen (via *Cortana*) analysiert und kam zu dem Ergebnis, dass diese durchschnittlich länger als textbasierte Suchanfragen sind. Während Suchanfragen via Tastatur meistens nur aus zwei Wörtern bestehen, sind Sprachsuchen im Regelfall drei bis vier Wörter lang, mit steigender Tendenz. In der gesprochenen Sprache finden sich auch viel mehr **Füllwörter,** was der Natürlichkeit der Sprache geschuldet ist. Außerdem unterscheidet sich die Wortwahl der Nutzer bei text- und sprachbasierten Eingaben. Sprachsuchen sind charakterisiert durch die **intensive Nutzung von W-Fragen:**

- Wo finde ich …?
- Wo kann ich … kaufen?
- Was kostet …?
- Wer hat … auch schon gekauft?
- Was für Alternativen gibt es zu …?
- Welche Bewertungen liegen zu … vor?
- Wie kann ich … installieren?
- Warum funktioniert … nicht so wie angegeben?

Im Ergebnis fallen nicht nur die **Input-Daten bei Voice-Search** anders aus, sondern auch die zu **erwartenden Output-Daten.** Wer eine Wo-Frage stellt, möchte genau zu diesem „Wo?" eine Antwort erhalten und nicht auf zwar spannende, aber nicht zielführende Inhaltsseiten gelangen. Deshalb ist es eine entscheidende Voraussetzung für die Nutzung des Voice-Marketings, zunächst einmal diese **veränderten Nutzungsgewohnheiten** sowie die **neuen Erwartungen der Nutzer** zu verstehen.

Dazu kommt noch eine weitere Herausforderung: Bei klassischen Suchanfragen haben die Suchmaschinen bisher nur einen Teil der Sucharbeit geleistet: Sie haben uns einen **Datenberg von Treffern** präsentiert, die mehr oder weniger gut zu unserer Suche passten. Nach der Recherche durch die Suchmaschine kam unsere eigene Recherche, um aus der Vielzahl der Treffer die für uns relevanten Inhalte zu ermitteln. Diese **Teildelegation der Recherche auf die Nutzer** wird bei Voice-Search nicht mehr funktionieren. Schließlich können und sollen *Alexa* & Co. uns nicht endlose Trefferlisten vorlesen. Bei Voice-Search ist vielmehr gewünscht und erwartet, dass uns genau **eine Antwort** präsentiert wird. Somit genügt es in Zukunft nicht mehr, mit den eigenen Angeboten zumindest noch auf der ersten Seite der organischen Trefferliste der Suchmaschinen zu landen. In Zukunft geht es darum, möglichst die bestmögliche Antwort zu bieten, um über die digitalen Assistenten ausgespielt zu werden. In Zukunft gilt: Nur wer die **Position Zero** erreicht, wird dem potenziellen Kunden präsentiert (vgl. Barysevich 2018).

▶ **Position Zero** Position Zero (dt.: „Position Null") ist die visuelle Anzeige eines Suchergebnisses, das über (bei mobiler Nutzung) bzw. rechts neben (bei stationärer Nutzung) der Ergebnisliste einer Suchanfrage aufgeführt wird. Perspektivisch werden das die Informationen sein, die bei einer Voice-Suche dem Nutzer akustisch übermittelt werden. Auf der Position Zero werden Ausschnitte aus verschiedenen Quellen wiedergegeben, die zumeist Featured Snippets mit Listicles, Videos oder Tabellen umfassen.

Die Inhalte, die auf Position Zero rangieren, entsprechen nicht zwangsläufig den ersten klassischen Suchergebnissen. Um eine Chance zu haben, mit eigenen Inhalten die Position Zero zu erreichen, müssen die Informationen, die bspw. über ein Unternehmen auf verschiedenen Plattformen online verfügbar sind, in sich stimmig und vor allem auch aktuell sein. Um diese Entwicklung zu verstehen, ist eine kurze Einführung in den *Google-Knowledge-Graph* wichtig. Der Knowledge-Graph ist eine **Wissensdatenbank,** die von *Google* genutzt wird, um die Ergebnisse seiner Suchmaschine mit Informationen aus einer Vielzahl von Datenquellen zu verbessern. Die aus verschiedenen Quellen gewonnenen

Informationen werden dem Suchenden in einer **Info-Box** (auch Direct-Answer-Box oder Featured Snippet genannt) über bzw. neben den Suchergebnissen angezeigt – eben auf Position Zero.

▷ **Featured Snippet** Ein **Featured Snippet** ist eine Info-Box, die eine präzise Antwort auf eine Frage gibt, ohne dass der Endnutzer eine weitere Website öffnen muss. Das Featured Snippet präsentiert Auszüge aus Websites und findet vor allem Verwendung bei informativen Suchanfragen. Je nach Suchanfrage ändert sich hierbei auch das Aussehen der Info-Box. Die Featured Snippets bestehen aus Textinhalten, Videos, Bildern, Listen oder Tabellen.

Die in einer Info-Box präsentierten Informationen ruft *Google* aus verschiedenen Quellen ab. Hierzu zählen vor allem *Wikidata* und *Wikipedia*. Die SERPs (Search-Engine-Result-Pages) setzen sich folglich nicht mehr nur aus den bisherigen zwei Kategorien von Trefferergebnissen – der organischen Trefferliste und den Anzeigen/Shopping-Angeboten zusammen, sondern werden um eine Info-Box ergänzt. Ein Beispiel findet sich in Abb. 2.7.

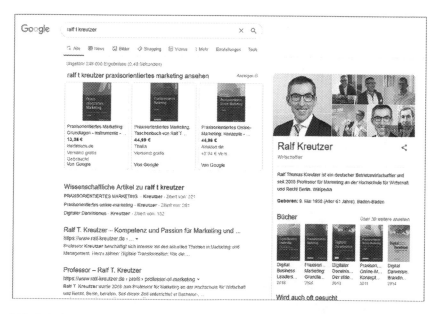

Abb. 2.7 SERPs (inkl. Info-Box) bei Google bei einer Suche nach „ralf t kreutzer". (Quelle: Google)

Im Knowledge-Graph werden von *Google* Fakten, Bilder und auch verwandte Suchanfragen (vgl. in Abb. 2.7 „Wird auch oft gesucht") zu Menschen, Orten oder anderen Fragestellungen präsentiert, sobald *Google* hinter einem Suchbegriff eine semantische Entität erkennt oder vermutet. Der Begriff **Entität** steht in der Philosophie für „Dasein" im Vergleich zum „Wesen" eines Dinges. Die hier relevanten **semantischen Entitäten** lassen sich über die Kombination bestimmter Eigenschaften eindeutig identifizieren. Solche Entitäten können Personen (wie in Abb. 2.7), aber auch Unternehmen, Produkte oder Ähnliches sein. Auf der Grundlage einer Zusammenführung von Informationen aus verschiedenen Quellen können in der Info-Box bspw. folgende Informationen gefunden werden:

- Informationen zu Unternehmen, Produkten, Orten, Personen
- Bild(er) mit Link zur *Google*-Bildersuche
- Ausschnitte aus Texten (inkl. Link zur Quelle)
- Aufbereitete Daten mit Antworten auf die Suchanfrage
- Hinweis auf ähnliche Suchanfragen „Wird auch oft gesucht"

Der *Google-Knowledge-Graph* ermöglicht jetzt ein neues Phänomen: **Zero-Click-Search** – passend zur Position Zero. Bei Zero-Click-Searches (auch Null-Klick-Suchen) handelt es sich um Suchanfragen, die nach einem Blick auf die SERPs keine weiteren Klicks auslösen, weil bereits die erste Trefferseite sowie die dort gefundenen Informationen (vor allem die in der Info-Box) die Suchanfrage abschließend beantworten. Es wird folglich auf keine der anderen Trefferergebnisse mehr geklickt (deshalb auch Zero-Click-Search). Für die Nutzer bringt dies vor allem Schnelligkeit und damit auch Bequemlichkeit mit sich, weil *Google* die Suche so komprimiert und erschöpfend beantwortet, dass keine weiteren Recherchen mehr notwendig sind. Die Zahl dieser Zero-Click-Searches steigt kontinuierlich. Eine Studie aus dem US-Markt zeigt, dass dort bereits 49 % der Suchanfragen keine weiteren Klicks auslösen. Die Erhöhung des Suchkomforts für den Nutzer führt gleichzeitig dazu, dass sich der Traffic für die in der organischen Trefferliste zu findenden Unternehmen deutlich reduziert. Das zeigt auch die o.g. Studie. Lediglich bei 41,5 % der Suchen erfolgte ein Klick auf Links in der organischen Trefferliste (vgl. Janke 2019, S. 10 f.). Der Grund ist ganz einfach: Viele Nutzer müssen nicht mehr tiefer in die Recherche einsteigen, wenn das gewünschte Suchergebnis schon in der Info-Box zu finden ist. Hierdurch steigt der Zwang für die Unternehmen, mit eigenen Inhalten (und einem Verweis auf das eigene Unternehmen als Quelle) in der Info-Box präsent zu sein.

▷ **Wichtig Zero-Click-Searches** zwingen Unternehmen dazu, ihre **Websites** als einen **Ort für Antworten** zu begreifen und entsprechend auszugestalten. Hierfür ist die Content-Strategie des Online-Auftritts umfassend weiterzuentwickeln.

Deshalb sollten eigene Inhalte bspw. mit einer **Markup-Language** versehen werden, um so die Chance zu erhöhen, im Knowledge-Graph angezeigt zu werden. Bei einer Markup-Language handelt es sich um eine **maschinenlesbare Auszeichnungssprache** für die Gliederung und Formatierung von Texten und **weiterer** Daten. Der wichtigste Vertreter dieser Auszeichnungssprache ist für das World Wide Web die Hypertext-Markup-Language. Dieses Markup ist eine Voraussetzung, um in der Info-Box zu landen. Unverzichtbar ist zusätzlich, dass die in verschiedenen Online-Quellen vorhandenen Daten nicht nur korrekt, sondern auch aktuell sind. Sind diese Voraussetzungen erfüllt, entscheidet letztendlich der in der Öffentlichkeit nicht bekannte *Google*-Algorithmus darüber, welche Informationen angezeigt werden.

Warum sind der Knowledge-Graph und vor allem auch die Info-Box im Kontext des Voice-Marketings von Bedeutung? Die Informationen aus dem Knowledge-Graph werden in Zukunft noch häufiger dazu verwendet werden, um bei Voice-Search mit dem *Google Assistant* Fragen zu beantworten. Das bedeutet nichts anderes, als dass sich *Google* mit der Info-Box und dem dadurch verstärkten Trend zu Zero-Click-Search auf den **Siegeszug von Voice-Search** vorbereitet. Diese Entwicklung wird unterstrichen durch die Mitteilung von *Google*, die größten **Algorithmus-Änderungen** seit Jahren vorzunehmen. Hiervon sollen zunächst ca. 10 % der englischsprachigen Suchanfragen betroffen sein und folglich zu anderen Trefferergebnissen führen. Die Änderungen werden schrittweise in verschiedenen Ländern vorgenommen. Das Algorithmus-Update trägt den Namen *BERT* als Akronym für Bidirectional Encoder Representations from Transformers. Der Begriff Transformer bringt hier zum Ausdruck, dass der neue Algorithmus nicht mehr „Wort für Wort" verarbeitet, sondern Wörter in ihrem Verhältnis zu allen anderen Wörtern eines Satzes interpretiert. Dies ist ein klassisches Einsatzfeld der schon angesprochenen Künstlichen Intelligenz, konkret des **Natural Language Processing** (NLP; vgl. vertiefend Kreutzer und Sirrenberg 2019, S. 28–35).

Die Konsequenzen dieser Veränderungen verdeutlicht *Google* anhand eines Beispiels: Hat bisher jemand die Frage „Darf ich Medikamente für jemanden in der Apotheke abholen?" gestellt, wurden die beiden wichtigsten Begriffe „Medikamente" und „Apotheke" isoliert verarbeitet. Daraus wurde durch den

Algorithmus abgeleitet, dass der Nutzer wohl eine lokale Apotheke sucht. Der neue Algorithmus ist nach Auskunft von *Google* in der Lage, den rechtlichen Inhalt dieser Frage zu verstehen und folglich auch eine relevantere Auskunft zu erteilen. In Zukunft soll der *Google*-Algorithmus folglich in der Lage sein, den **Kontext einer Anfrage** viel besser zu verstehen (vgl. Theile 2019). Hiermit bereitet sich *Google* ganz deutlich auf das erwartete Vordringen von Voice-Search vor.

Auch bei Voice-Search ist allerdings zu erwarten, dass die digitalen Sprachassistenten *Alexa* und *Google Assistant* die eigenen Inhalte und Angebote denen von Wettbewerbern vorziehen werden – soweit einer solchen **Diskriminierung** nicht **rechtliche Konsequenzen** folgen. Schließlich würde es sich bei einem – bereits in anderen Bereichen festgestellten diskriminierenden Vorgehen (etwa bei den *Google-Shopping*-Ergebnissen) – um den **Missbrauch einer marktbeherrschenden Stellung** handeln. So hat die *Europäische Kommission* im Jahr 2017 eine Geldbuße von 2,42 Mrd. € gegen *Google* verhängt, da das Unternehmen gegen das EU-Kartellrecht **verstieß** hat, als nachgewiesen wurde, dass *Google* seine **marktbeherrschende Stellung als Suchmaschinenbetreiber** missbraucht hat. Konkret handelt es sich um den Preisvergleichsdienst *Google Shopping,* dem *Google* einen unrechtmäßigen Vorteil verschafft hat. Das Unternehmen musste dieses Verhalten innerhalb von 90 Tagen abstellen. Bei einer Zuwiderhandlung wurden Zwangsgelder von bis zu fünf Prozent des durchschnittlichen weltweiten Tagesumsatzes seiner Muttergesellschaft *Alphabet* angedroht (vgl. EU-Kommission 2017). Der vermeintlich „zahnlose Tiger" EU-Kommission ist ganz und gar nicht zahnlos, wenn ein Missbrauch von Marktmacht festgestellt wird. Allerdings wird beklagt, dass sich *Google* nach wie vor wettbewerbswidrige Vorteile verschafft, obwohl sich *Google* 2017 verpflichtet hatte, bei den Suchergebnissen der bezahlten Shopping-Anzeigen auch konkurrierende Angebote zuzulassen. Von Wettbewerbern wird nach wie vor beklagt, dass der sogenannte **Compliance-Mechanismus,** der einen fairen Wettbewerb ermöglichen sollte, unwirksam sei (vgl. Pimpl 2019, S. 6).

Was ist nun die **Aufgabe für die Unternehmen?** Wie bisher schon im Kontext der Search-Engine-Optimization (SEO; vgl. vertiefend Kreutzer 2018a, S. 279–315) gilt es jetzt noch stärker, als Unternehmen aktuelle, außergewöhnliche, vor allem aber auch relevante Inhalte in maschinenlesbarer Sprache anzubieten. Nur Unternehmen, welche ihre **Content-Erstellung** den speziellen **Bedürfnissen von Voice-Search** anpassen und diese mit einer **technisch reibungslosen Präsentation** kombinieren, haben eine Chance, die Position Zero zu erreichen und ggf. auch längerfristig zu verteidigen.

> ▶ **Tipp** Bevor eigene Inhalte für ein Keyword bzw. eine Keyword-
> Gruppe generiert werden, sollten Sie zunächst einmal prüfen, welche
> Inhalte welcher Unternehmen bei für Sie wichtigen Keywords in der
> **Info-Box** landen bzw. die **Position Zero** erreicht haben. Versuchen Sie
> herauszuarbeiten, wie es diese Unternehmen geschafft haben – und
> versuchen Sie dann, es noch besser zu machen, um die Wettbewerber
> bei relevanten Keywords auszustechen.
> Und denken Sie immer daran: **Voice-Nutzer möchten kurz und
> knackig relevante Informationen erhalten!**

Es wurde deutlich: Für die Unternehmen geht Voice-Search mit einem großen
Risiko einher. Während in den SERPs meistens zehn organische Treffer und
zusätzlich noch Anzeigen sowie ein eigener *Google-My-Business*-Eintrag zu
sehen waren, reduziert sich das hörbare Ergebnis einer Voice-Search auf ein ein-
ziges Ergebnis! Für die Kunden wird das Leben hierdurch sehr viel einfacher.
Statt einer „Orgie mit Optionen" (106.000.000 Ergebnisse in 0,65 s zum Thema
„Fahrrad") wird die Fundmenge auf n = 1 reduziert. Diese Art von **Komplexi-
tätsreduktion** werden viele Nutzer zu schätzen wissen – und Voice-Search zum
weiteren Erfolg verhelfen. Dass wir hiermit perspektivisch eine **Generation von
Analphabeten** heranziehen **könnten,** sei nur der Vollständigkeit halber erwähnt
(vgl. zu weiteren Risiken Kreutzer 2020).

Für den **Gewinner der Position Zero** hat diese Entwicklung einen entscheidenden Vorteil: Die Nutzer werden nicht von weiteren Antworten abgelenkt
und können sich ganz auf das eine Trefferergebnis konzentrieren. Hierdurch
kann es perspektivisch leichter werden, die so angesprochenen Kunden an die
unternehmenseigenen Produkte und Services heranzuführen. Hierzu muss ein
ansprechender **Call-to-Action** (CTA) erfolgen, um die Position Zero als Ausgangspunkt für weitere Aktivitäten innerhalb des in Abb. 2.6 gezeigten Conversion-Funnels zu nutzen. Schließlich stellt ein Treffer bei Voice-Search zwar ein
wichtiges, aber nur ein Zwischenergebnis auf dem Weg zu einer umfassenderen
Conversion dar. Dies kann ein Kauf oder eine Spende an eine Fundraising-
Organisation sein. Selbst bei originären Content-Anbietern (wie bspw. Verlagen
von Zeitungen und Zeitschriften, aber auch von Büchern) dürfte es nicht aus-
reichen, mit spannenden Inhalten in der Info-Box zu erscheinen, wenn hierdurch
der Besuch einer werbefinanzierten Content-Website und/oder die Überwindung
von Paywalls (Zahlschranken) für den Zugriff auf weitere spannende Inhalte entfällt. Als Folge dessen würden die Content-Anbieter von wichtigen Einnahme-
quellen abgeschnitten, die einen Qualitätsjournalismus erst ermöglichen – und
übrig bliebe User-Generated Content unterschiedlicher Güte.

Einfache Sprachsuchen, wie sie bisher beschrieben wurden, bilden nur die oberste Ebene des Conversion-Funnels ab (vgl. Abb. 2.6). Das mittel- bis langfristige Ziel besteht allerdings darin, neuen bzw. bestehenden Kunden eine **nutzerfreundliche, sprachbasierte Customer-Journey** zu bieten, welche den Nutzer überzeugt und schließlich zum gewinnbringenden Kunden konvertiert.

Amazon Pay

Amazon bietet mit seinem Service *Amazon Pay* die Möglichkeit, sämtliche Produkte, die über Skills erhältlich sind, per Spracheingabe zu bestellen (vgl. Amazon 2020a). Skills entsprechen von ihren Funktionen her Apps, die es Kunden über *Alexa* ermöglichen, verschiedene alltägliche Aufgaben zu erledigen oder mit eigenen Inhalten und Angeboten per Stimme zu interagieren. Um solche Skills zu erstellen, stellt *Amazon* das sogenannte *Alexa Skills Kit* (ASK) zur Verfügung. Hierbei handelt es sich um Self-Service-APIs (API steht für Application-Programming-Interface und bedeutet „Schnittstelle zur Anwendungsprogrammierung"); außerdem werden zusätzlich Tools, Dokumentationen und Codebeispiele für die Entwicklung eigener Skills bereitgestellt (vgl. Amazon 2020b).

Einkaufen via Spracheingabe ist eine sehr komfortable Möglichkeit, da prozessbasierte Hürden des Kaufabschlusses durch eine Sprachschnittstelle vermieden werden. Bevor es jedoch auf breiter Front zu **Voice-Commerce** (dem Kaufabschluss via Spracheingabe) kommt, durchlaufen die Nutzer im Regelfall mehrere kritische Phasen, denen es im Zuge des Voice-Marketings zu begegnen gilt. Bereits heute gibt es eine Vielzahl von Voice-Search-Einsatzfeldern, die sich auf die verschiedene Phasen der Customer-Journey beziehen.

Seat und Sixt

Seat launchte bereits 2017 einen *Alexa Skill,* über den Interessenten eine **Probefahrt** buchen können. Hierbei zielt das Unternehmen auf den Komfort einer schnellen und unkomplizierten Kommunikation über eine Voice-Schnittstelle. Das gleiche Ziel verfolgt *Sixt* mit dem ebenfalls **seit** 2017 angebotenen *Alexa Skill* zur **Reservierung von Mietwagen.** Über die Intensität der Nutzung dieser Applikationen halten sich die Unternehmen allerdings bedeckt (vgl. Sturm 2019, S. 61). Es wird spannend sein, wann die Automobil-Hersteller bspw. die heute noch recht mühsame **Konfigurierung eines Fahrzeugs** über eine Voice-Applikation unterstützen werden.

Nachfolgend werden die verschiedenen Phasen der sprachbasierten Customer-Journey anhand des ASIDAS-Modells aufgezeigt und die digitalen Assistenten und deren Datenbasis vorgestellt.

2.3 Konzepte und Kommunikationswege des Voice-Marketings

Um für jede **Phase des Conversion-Funnels** qualitativ hochwertige und passende Inhalte bereitzustellen, kann das AIDA-Modell von Lewis ein einfaches, aber hilfreiches Werkzeug sein (vgl. Hörner 2019, S. 82 f.). Da das AIDA-Modell jedoch mehr als 100 Jahre alt ist, bedarf es einiger Modifikationen und Anpassungen, um es an die modernen Customer-Journeys anzupassen. Dazu wurde das AIDA-Modell um zwei Phasen ergänzt (vgl. Kreutzer 2018a, S. 39 f.). Das **ASIDAS-Modell** (Abb. 2.8) vermittelt ein modernes Bild der Customer-Journeys. Diese umfassenderen Customer-Journeys werden durch **Sprachinteraktion** zusätzlich verändert. Momentan stellt die Sprachsteuerung allerdings nur eine spezielle Ausprägung einzelner Touchpoints dar. In Zukunft werden mehr und mehr Touchpoints per Sprache gesteuert werden können – bis die komplette digitale Customer-Journey über Sprachnavigation zu managen ist. Allerdings sollten wir heute schon Schritte unternehmen, um uns darauf vorzubereiten.

Obwohl Abb. 2.8 einen linearen Prozess visualisiert, kann es sehr unterschiedliche Verläufe geben. Zum einen werden Nutzer gewonnen, ohne dass diese alle Phasen durchlaufen haben; andere werden Phasen mehrfach durchlaufen, vor allem bei höherwertigen Angeboten. Dennoch ist es wichtig, sich die grundsätzlichen Stufen vor Augen zu führen, um die jeweils passenden (Informations-)Angebote pro Phase zu unterbreiten. In der ersten Phase des ASIDAS-Modells geht es um die **Gewinnung von Aufmerksamkeit (Awareness)** für bestimmte

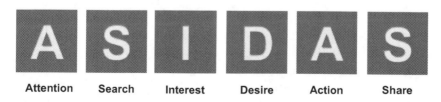

Abb. 2.8 ASIDAS-Modell – die weiterentwickelte AIDA-Formel. (Quelle: Kreutzer 2018a, S. 40)

Produkte oder Dienstleistungen. Hierzu können werbliche Ansagen eines digitalen Assistenten wesentlich beitragen. Dabei handelt es sich um eine Renaissance klassischer Radio-Spots; allerdings mit einem entscheidenden Vorteil. Bei Interesse kann der Nutzer direkt vom Spot zur Aktion schreiten und einen Kauf auslösen. Doch meist kommt zunächst die **Suche nach Informationen (Search)** zum Tragen. Für diese Phase sind die Sprachassistenten schon heute mehr oder weniger gut geeignet – es besteht allerdings noch viel Luft nach oben. Hier sind vor allem die Anbieter von Produkten und Dienstleistungen gefordert, die für Voice-Search geeignete Inhalte bereitstellen müssen. Das Prinzip ist ganz einfach: Wenn die Unternehmen keine für Voice-Search geeigneten Inhalte online präsentieren, können sie auch nicht ausgespielt werden.

Gelingt die Bereitstellung solcher Inhalte, kann das **Interesse am Angebot (Interest)** weiter gesteigert werden. Hierzu können auch informative und positive Bewertungen beitragen, die während des Suchprozesses übermittelt werden. Auch der Hinweis auf für jeweilige Nutzer bedeutsame Empfehlung von Influencern oder überzeugende Testergebnisse kann zu einer positiven Bewertung beitragen. Gerade in dieser Phase sind Voice-Marketing und die Voice-Search-Engine-Optimierung unverzichtbar. Ziele jedes Anbieters ist es in dieser Phase, mit dem eigenen Angebot zum Relevant Set (auch Evoked Set) und dann zur First Choice für den Nutzer zu werden (vgl. Kreutzer 2017, S. 148).

Durch die hier verfügbar gemachten bzw. gefundenen Informationen wird idealerweise ein **Kaufwunsch** ausgelöst **(Desire)**. Diesen gilt es jetzt bspw. durch Rabatte oder zusätzliche, hochwertige Inhalte zu verstärken. Außerdem muss jetzt ein Call-to-Action (CTA) i. S. einer Handlungsaufforderung erfolgen, um den potenziellen Käufer idealerweise unmittelbar zum Kauf zu motivieren. Ideal ist, wenn jetzt eine nahtlose Fortsetzung des Prozesses durch einen sprachgesteuerten **Kauf (Action)** möglich wird. Hierzu gehört auch, dass im digitalen Assistenten bzw. bei den entsprechenden Anbietern die zahlungsrelevanten Daten hinterlegt sind. Dann muss nicht jedes Mal zur Giro-Karte oder zur Kreditkarte „gegriffen" werden, um zu bezahlen. Hilfreich ist hier, Direktabbuchungen vom Konto zu erlauben oder per *PayPal*, *Apple-Pay* oder *Amazon-Pay* zu bezahlen.

Nun schließt sich häufig eine Phase an, in der die **Erfahrungen mit anderen geteilt** werden **(Share)**. Entweder wird der Kauf bei *Facebook* oder *Instagram* gepostet oder eine Bewertung verfasst. Auch dieser Prozess wird zukünftig über Sprache gesteuert werden können. In der Share-Phase kann auch ein Unboxing-Video bei *YouTube* veröffentlicht werden („to unbox" steht für „auspacken"). Bei einem solchen Video zeichnet eine Person auf, wie ein Produkt der Verpackung entnommen wird, um es dann zu präsentieren. Der weiteren Kreativität in der Share-Phase sind nur rechtliche Grenzen gesetzt. Der hierdurch erzeugte

User-Generated Content (UGC) ist das Futter, um den Search-Prozess **später** Suchender anzureichern. Wenn dieser User-Generated Content für einen Anbieter positiv ausfällt, ist er für andere potenzielle Käufer in hohem Maße kaufentscheidend. Deshalb sollten Unternehmen nach einem erfolgreichen Kaufabschluss Calls-to-Action auch dafür einsetzen, um Bewertungen etc. auszulösen. Um diese sogenannten Social Signals zu erzielen, können die Unternehmen auch Belohnungen versprechen.

Damit dieser Gesamtprozess aus Nutzersicht optimal funktionieren kann, ist auf die **Voice-User-Interface**s (VUI i. S. der Nutzeroberfläche für Spracheingaben) besonders Augenmerk zu lenken. Diese Interfaces müssen nicht nur funktional, sondern auch ansprechend sein, um das Interesse und Verlangen der Sprachnutzer zur Interaktion über Sprache zu wecken. Die digitalen Assistenten sollten in der Lage sein, die gewünschten Inhalte in einer ansprechenden und ganzheitlichen Weise zu präsentieren. Die große Herausforderung besteht darin, die **Relevanz möglicher Antworten durch Individualisierung** zu steigern, die unter Zugriff auf bisherige Suchprozesse, Käufe, Bewertungen, Empfehlungen sowie auf private Daten der Nutzer möglich wird. Da eine solche Zusammenführung individueller Informationen von verschiedenen Parteien aus Datenschutzgründen nicht erlaubt ist, werden hier die Anbieter die Nase vorne haben, die über eigene Öko-Systeme verfügen, in denen unterschiedlichste Prozesse und damit auch die zur Individualisierung relevanten Daten zusammenlaufen. Die anderen Unternehmen sind aufgefordert, eine Erlaubnis zu einer möglichst weitgehenden Datennutzung einzuholen.

Entwicklung von Öko-Systemen

Die Herausforderung beim **Aufbau von Öko-Systemen** (auch Eco-Systems) heißt **Seamless Integration**. Darunter versteht man die „nahtlose Integration" verschiedener Prozesse und Anwendungen, die Kunden bisher nur durch die Überwindung unterschiedlich komplexer Schnittstellen gemeinsam nutzen konnten. Beim **Öko-System** handelt es sich um ein in sich geschlossenes System, das der Nutzer auch dann nicht verlassen muss, wenn er verschiedene Anwendungen starten möchte. So bietet *Apple* mit *iTunes* (mit integrierten Cloud-Anwendungen für das Abspielen, Konvertieren, Brennen, Organisieren und Kaufen von Musik, Hörbüchern, Podcasts und Filmen) sowie der Nutzung neuer *Apple*-Produkte ohne Integrationsaufwand unmittelbare Nutzervorteile. In diesen Kokon sind auch die Angebote *Apple Music* und *Apple TV* eingebunden. Der Nutzer soll sich hierdurch möglichst lange und ungestört in der *Apple*-Welt aufhalten – um so keine Touchpoints zu anderen Marken und Unternehmen in Anspruch nehmen zu müssen. Gleichzeitig können in einem solchen geschlossenen System – datenschutzkonform – die für eine Individualisierung der Ansprache erforderlichen Informationen gewonnen werden. Ausgewählte Eco-Systems finden sich in Abb. 2.9.

Google baut sein Eco-System ebenfalls konsequent aus (vgl. Abb. 2.9). Die zentrale Datenquelle hierfür stellen zunächst die ca. 100 Mrd. **Suchanfragen** dar, die weltweit getätigt werden – pro Monat. Außerdem werden durch die **Werbeangebote** *Google Ads* spannende Informationen über die Akzeptanz von werblichen Angeboten gewonnen – entweder auf Personenbasis oder zumindest auf der Basis von IP-Adressen. Die Wertschätzung von weiteren Inhalten durch die Nutzer kann durch die Auswertung der Zugriffe auf die zu *Google* gehörende Video-Plattform *YouTube* ermittelt werden. Zusätzlich nutzen über 80 % der weltweit im Einsatz befindlichen Smartphones das *Google*-**Betriebssystem** *Android*. Außerdem sind Armbanduhren im Angebot, die ebenfalls *Android* verwenden. Damit sind bereits die Grundpfeiler für das *Google*-eigene Eco-System gelegt. Ergänzt werden diese für die Internet-Infrastruktur mit eigenen Satelliten und dem Zugriff auf Privathäuser über den Dienstleister *Nest,* der bspw. das Heimklima überwachen und steuern kann. Hierdurch entsteht eine ***Google*-eigene Plattform,** die prädestiniert ist, die **Smart Landscape** mit einer Vielzahl eigener Entwicklungen zu füllen: mit der umfassenden Vernetzung von Fahrzeugen (Smart Cars), Häusern (Smart Homes), Verwaltungen (Smart Government bzw. E-Government), Fabriken (Smart Factories) sowie einem Angebot von bargeldlosem Zahlungsverkehr (Smart Cash). Und natürlich vor allem: **Smart**

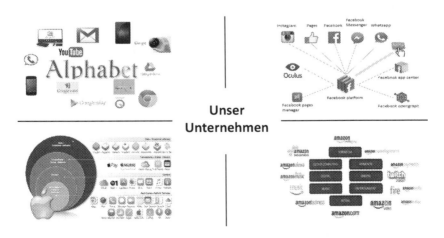

Abb. 2.9 Ausgewählte Öko-Systeme

Advertising – in einem Umfang auf Einzelpersonen maßgeschneidert, dass es Wettbewerbern und Datenschützern die Schweißperlen auf die Stirn treibt. *Amazon* und *Facebook* sind ebenfalls bestrebt und erfolgreich dabei, hochentwickelte Eco-Systems aufzubauen (vgl. Abb. 2.9). Die Leistungsbandbreite umfasst Produktangebote (Hardware und Software) sowie eine Palette von Services. Diese reichen von klassischen Logistikaufgaben über Zahlungsfunktionen bis hin zu Cloud-Services. Gleichzeitig entwickeln sich die genannten Konzerne immer stärker in Richtung Media-Unternehmen, denn sie distribuieren nicht nur Inhalte, sondern steigen selbst verstärkt auch in die Content-Produktion ein. Hierdurch sind auch diese Unternehmen bestens auf die Entwicklung hin zu Voice-Marketing vorbereitet.

Ein Ende der Angebote, die perspektivisch immer umfassender über Voice angeboten werden, ist noch nicht abzusehen. Für Kunden bieten diese Eco-Systems einen entscheidenden Vorteil: **Convenience.** Denn die Leistungen, die die Unternehmen innerhalb ihrer eigenen Eco-Systems anbieten, sind in hohem Maße miteinander vernetzt und bieten damit nicht nur die angesprochene „Seamless Integration", sondern – durch Individualisierung – auch ein Höchstmaß an Relevanz. Für die anbietenden Unternehmen selbst gehen diese Systeme mit zwei entscheidenden Vorteilen einher. Es entsteht eine starke **Kundenbindung,** da ein Eco-System die **Wechselbarrieren** für die Nutzer dramatisch erhöht. Gleichzeitig werden wirksame **Markteintrittsbarrieren für alternative Anbieter** aufgebaut. Überzeugen die Unternehmen mit ihren Leistungen dauerhaft, entsteht das, was mit Fug und Recht als neue Währung herausgestellt wird: **Vertrauen!** Und auch dies baut die Markteintrittsbarrieren für Dritte weiter aus.

Relevanz der Marketing-Automation

Die im Zuge solcher Eco-Systems gewonnenen Kundendaten sind ein wichtiger Rohstoff für das **Customer-Relationship-Management** (CRM). Um die hier entstehende Komplexität der Kommunikation zu bewältigen, kommt der **Automatisierung von Marketing-Prozessen** eine zunehmende Bedeutung zu. Die Treiber dahinter sind zum einen die gestiegenen Anforderungen der Interessenten und Kunden an eine personalisierte und individualisierte Ansprache. Zum anderen tragen auch die Vielzahl der Kommunikationswege sowie die möglichen Inhalte der jeweiligen Ansprache zu einer großen Vielfalt möglicher Kombinationen bei. Ohne Unterstützung durch Marketing-Automation-Tools kann diese nicht bewältigt werden, da zu den klassischen Kommunikationswegen jetzt auch noch die digitalen Assistenten hinzutreten.

Mit **Marketing-Automation** wird die automatisierte Auslösung von Marketing-Aktivitäten bezeichnet. Im Kern geht es hierbei meistens um

Kommunikationsanstöße, die systemseitig (d. h. ohne weitere menschliche Eingriffe) aufgrund des Vorliegens bestimmter Trigger (Auslösefaktoren) erfolgen. Durch den Prozess der Marketing-Automation sollen vor allem CRM-Maßnahmen effizienter gestaltet werden (vgl. vertiefend Hannig 2017; Schwarz 2014, 2017). Die **Kernprozesse der Marketing-Automation** zeigt Abb. 2.10. Die Voraussetzung für eine Automatisierung sind verschiedene Datenquellen. Neben selbst erhobenen **Kundendaten** (First-Party-Data) zählen hierzu auch Daten Dritter (Third-Party-Data), die bspw. zur Adressanreicherung dienen (vgl. vertiefend Kreutzer 2016, S. 70–72). Zusätzlich werden **Angebotsdaten** benötigt, um zu definieren, welche Produkte und/oder Dienstleistungen besonders promotet werden sollen. **Erkenntnisse aus früheren Aktionen** tragen zur laufenden Optimierung bei. Bei ausgefeilten Konzepten der Marketing-Automation können weitere **Kontext-Daten** einfließen (bspw. Informationen über das Wetter, über aktuell laufende Wettbewerberaktivitäten etc.).

Diese Daten können unter Einsatz von klassischen statistischen Methoden sowie mit Instrumenten der Künstlichen Intelligenz ausgewertet werden, um relevante **Trigger für Aktivitäten** zu identifizieren. Im nächsten Schritt erfolgt die **Identifikation der relevanten Zielpersonen,** bei denen die Voraussetzungen der Trigger vorliegen (bspw. „heute eine Voice-Search zum Thema High Heels durchgeführt"). Dann erfolgt die **Zuordnung der relevanten Inhalte** zu den zuvor definierten Triggern; im obigen Beispiel etwa die Übermittlung eines Voice-Coupons als Welcome-Geschenk. Bereits im Vorfeld kann definiert werden, bei welchem Trigger welcher Kanal (bspw. ein digitaler Assistent) zur Ausspielung einer

Abb. 2.10 Kernprozesse der Marketing-Automation

Information zum Einsatz kommen soll. Der jeweils „passende" Kanal kann auch in Abhängigkeit von der Zielperson ausgewählt werden. Um diese Entscheidung zu treffen, sind Erkenntnisse aus früheren Aktionen zu berücksichtigen. Zusätzlich sollten laufend Tests erfolgen, um die Wirksamkeit der eingeleiteten Maßnahmen zu übermitteln (bspw. in Gestalt von A/B-Tests; vgl. weiterführend Kreutzer 2018a, S. 340–343).

Die gerade auch für das Voice-Marketing unverzichtbare **Marketing-Automation** kann auf einer Vielzahl von Kombinationen der nachfolgenden Kriterien aufsetzen:

- **Zielpersonen der Ansprache** können Einzelpersonen oder unterschiedlichste Interessenten- und Kundengruppen sein. Dazu zählen neue bzw. langjährige Newsletter-Abonnenten, Erstkäufer, Freundschaftswerber, Warenkorbabbrecher, Oft-Retournierer, Schlechtzahler, Coupon-Einlöser, Positiv- oder Negativ-Bewerter oder Personen, die einen bestimmten Kundenwert erreicht haben.
- Die relevanten **Zeitpunkte** können vor, während oder nach einem Kauf oder nach einer sonstigen Aktivität (bspw. einer Reklamation) liegen. Auch Geburtstage können zeitliche Trigger darstellen.
- **Inhalte der Ansprache** können Angebote/Zusatzangebote, eine Nachfass-Aktion zu einem Angebot, eine Zufriedenheitsbefragung oder eine Aufforderung zur Bewertung darstellen.
- Bei den **Kommunikationskanälen** können Mailings, Newsletter, E-Mails, E-Newsletter, Außendienstbesuche sowie Telefonanrufe, Messenger-Nachrichten (bspw. über *WhatsApp*) und Push-Notifications (etwa basierend auf Apps) versandt sowie Nachrichten über die digitalen Assistenten ausgespielt werden.
- Für bestimmte Kommunikationskanäle sind **Permissions** notwendig. Dazu zählen bspw. Telefon-Opt-in, E-Mail-Opt-in, Opt-in für Geo-Lokalisierung sowie Opt-in für Push-Nachrichten. Ohne das Vorliegen dieser Permission ist eine werbliche Ansprache in Europa und in vielen anderen Ländern nicht zulässig (vgl. DSGVO 2020).

Zur Bewältigung der hier entstandenen Komplexität, bedarf es zwingend einer **Automatisierungsplattform,** um die unterschiedlichsten Kampagnen zentral anzulegen, anzustoßen und auszuwerten. Eine **Automatisierungs-Software** ermöglicht es den Anwendern, **kanalübergreifende 1:1-Customer-Journeys** zu entwickeln, die jedem Kunden individuelle und damit idealerweise auch relevante Ergebnisse über die ggf. sogar tageszeitabhängig und/oder wochentagabhängig unterschiedlich präferierten Kanäle präsentiert.

Welche Herausforderungen eine Marketing-Automation zu meistern hat, zeigt
der mit Handlungsoptionen angereicherte **Conversion-Funnel** in Abb. 2.11. Dieser bringt zum Ausdruck, wie sich eine Person über verschiedene Stufen (Conver-
sions) vom Interessenten zum Stammkunden und ggf. zum Empfehler entwickeln
kann. Aufgrund der unterschiedlichsten Touchpoints wird deutlich, wie komplex
1:1-Anstoßketten werden können.

Die nachfolgenden **CRM-Workflows** können durch Marketing-Automation-
Tools sinnvoll unterstützt werden. Mit dem Vordringen des Voice-Marketings sind
diese Stufen systematisch in Voice-Kampagnen zu integrieren.

- **Lead-Generierung/Lead-Nurturing**
  Die Lead-Generierung, d. h. die **systematische Gewinnung von Kaufinteressenten,** stellt einen klassischen Anwendungsfall für die Marketing-
  Automation dar. Durch die Integration von Calls-to-Action in Anzeigen,
  Banner, Flyer, auf Landing-Pages oder durch digitale Assistenten werden
  potenzielle Käufer zu unterschiedlichen Handlungen motiviert. Werden
  die offline oder online zur Verfügung gestellten **Adress- und Profildaten**
  ausgewertet, können automatisiert die gewünschten Informationen bereitgestellt werden. Durch Anstoßketten wird versucht, den Lead (i.S. eines
  Kaufinteressenten) systematisch zum Käufer zu entwickeln. Hier wird von
  Lead-Nurturing („Nurturing" steht für das Pflegen bzw. das Aufziehen)
  gesprochen. Dieses erfolgt so lange, bis der Interessent kauft oder nicht
  mehr am Angebot interessiert ist.
- **Lead- und Kundensegmentierung**
  Die gewonnenen Leads werden kontinuierlich in der CRM-Datenbank erfasst.
  Hier können automatisierte Segmentierungsprozesse ablaufen, die relevante
  Gruppen von Leads bilden. Diese Gruppen können bspw. in Abhängigkeit
  des Gewinnungsweges (online oder offline), der heruntergeladenen Inhalte
  oder angeklickten Inhalte gebildet werden. Es können auch alle Leads, die
  innerhalb einer Woche einen Newsletter bestellt haben oder eine bestimmte
  Voice-Search gestartet haben, zu einer Gruppe zusammengeführt und in iden-
  tischer Weise betreut werden. Auch durch die Workflows der Marketing-Automation wird die **Kundensegmentierung** unterstützt. So werden bspw. die
  Top-Kunden, die Warenkorbabbrecher, Intensiv-Retournierer von Waren, die
  intensiven Voice-Nutzer oder auch Schlechtzahler zu Gruppen zusammengeführt, um sich um diese in Abhängigkeit des bisher gezeigten Verhaltens zu
  kümmern.

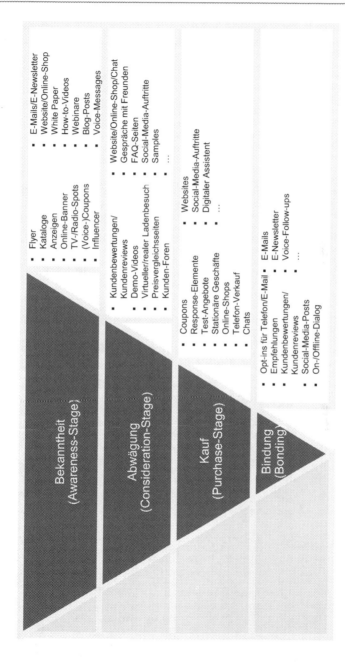

Abb. 2.11 Conversion-Funnel mit Handlungsoptionen

- **Lead- und Kunden-Scoring**
  Um genauer zu wissen, welche Leads von besonderer Bedeutung sind und deshalb mit der höchsten Aufmerksamkeit betreut werden sollten, kann ein **Lead-Scoring** eingesetzt werden (vgl. vertiefend Kreutzer 2018b, S. 122–124). So können die gewonnenen Leads nach ihrem Fortschritt im Kaufprozess klassifiziert und mit Punktwerten belegt werden. Dafür kann der regelmäßige Besuch auf der Website, das Öffnen des E-Newsletters etc. mit Punkten bewertet werden. Erreicht die Punktzahl bestimmte Schwellenwerte, dienen diese als Trigger für bestimmte Anstoßketten. So werden Leads weiter betreut, bis sie schließlich zum Käufer werden – oder aufgrund fehlender Reaktionen aus der weiteren Ansprache ausgeschlossen werden. Für das **Kunden-Scoring** im Einzelhandel (stationär mit Kundenkarte oder in einem E-Commerce-Shop) kann bspw. die sogenannte **RFMR-Methode** eingesetzt werden. Der Kundenwert wird hier über folgende Kriterien ermittelt:
- **R**ecency: Wie lange ist der letzte Kauf bereits her?
- **F**requency: Wie häufig kauft der Kunde ein?
- **M**onetary **R**atio: Welche Umsätze tätigt der Kunde pro Kaufakt?

In Abhängigkeit von den jeweils ermittelten Kundenwerten können automatisiert unterschiedliche Anstöße erfolgen. Diese können More-, Cross- oder Upsell-Ziele anstreben, zur Freundschaftswerbung auffordern oder darum bitten, Bewertungen der eigenen Leistungen auf den verschiedensten Rating-Plattformen auszusprechen.

Die Marketing-Automatisierung kann auf diese Weise systematisch zur Erreichung des oft angestrebten Ziels beitragen, mit den richtigen Inhalten zur richtigen Zeit die richtigen Empfänger über den richtigen Kanal anzusprechen, um diese zu weiteren Aktivitäten zu motivieren. Gleichzeitig ist kontinuierlich zu prüfen, wie Voice-Anwendungen zur Zielerreichung beitragen können.

Die Grundlage für eine funktionierende Marketing-Automatisierung bildet, wie bereits erwähnt, eine solide Datenbasis. Hierfür ist es unabdingbar, dass Inhalte technisch korrekt eingepflegt werden.

Technische Lösungen für Voice-Marketing (Speakable Content vs. Voice-Apps)

Obwohl es mehrere technische Lösungen gibt, um eine Website für Sprachsuchen zu optimieren, haben alle eines gemeinsam: **strukturierte Daten.** Strukturierte Daten helfen der Suchmaschine, die semantische Struktur der Seite zu verstehen, und geben zusätzliche Informationen über den durch Sprache zu reproduzierenden

Seiteninhalt (vgl. Hörner 2019, S. 263). Die **Lösungsansätze zur technischen Umsetzung** unterscheiden sich hinsichtlich des erforderlichen Ressourceneinsatz. Die einfachste und teilweise bereits ausreichende Optimierung ist die genaue **Kennzeichnung eines Textabschnittes,** der vom digitalen Assistenten wiedergegeben werden soll. Solche „**Text-zu-Sprache"-Konvertierungen** sind die Basis für jede Voice-Marketing-Strategie.

Um solche Textstellen zu markieren, haben sich *Google, Microsoft, Pinterest* und *Yandex* zusammengetan und ein **Sprach-Markup** namens *schema.org* entwickelt. Die hier angesprochene Markierung ist als offener Webstandard definiert und zeigt einem Crawler (Leseroboter) der Suchmaschine an, dass der Inhalt sprechbar ist. Die **Spezifikation der Sprechbarkeit** wird auf *schema.org* definiert. Dort wird ausgewiesen, welches Markup zu verwenden ist, um den **Speakable Content** (i.S. von „aussprechbar") für die Crawler erkennbar zu machen. Das erleichtert die Ausweisung von Textsegmenten als strukturierte Daten für die Sprachausgabe (vgl. Schema.org 2020a). Der wichtigste Teil von *schema.org* für die Voice-Search-Engine-Optimierung ist das ***Speakable*-Markup.** *Speakable* ermöglicht es Website-Providern, bestimmte Teile der Online-Inhalte als geeignet für eine Umwandlung von Text zu Sprache zu markieren (vgl. Schema.org 2020b). Obwohl das *Speakable*-Markup momentan nur als BETA-Version verfügbar ist, kann es bereits von Unternehmen in deren Website eingebettet werden.

Kein Unternehmen sollte darauf verzichten, bereits heute mit dem *Speakable*-Markup zu experimentieren und Erfahrungen zu sammeln, um die eigenen Inhalte kontinuierlich für Sprachabfragen zu optimieren. Ziel ist es, den Sprachnutzern relevante Informationen per Audioausgabe zur Verfügung zu stellen und weitere Dienstleistungen hervorzuheben. Dies ist heute vor allem in der Search-Phase des ASIDAS-Prozesses relevant. Genau an diesem Punkt scheitern aber viele Unternehmen, da deren Websites noch keine Audiowiedergabe unterstützen.

Das ***Speakable*-Markup** kann durch drei verschiedene **Content-Locatoren** implementiert werden. Hierzu werden der „id-value", ein „CSS-Selectors" oder „Xpaths" in den Quellcode der Website eingebettet. Während der „id-Value" die gesamte URL-Seite für die Text-zu-Sprache-Konvertierung referenziert, verweisen die beiden letzteren Content-Locatoren präzise auf einen Abschnitt der jeweiligen Website, der dafür geeignet ist (vgl. Schema.org 2020b).

Wie kann ein Unternehmen *schema.org* nutzen?
Die Anzahl der Markierungen für die **Text-zu-Sprache-Konvertierung** werden durch *schema.org* nicht einschränkt. Dennoch wird empfohlen, sich auf bestimmte Abschnitte einer Website zu konzentrieren, die möglichst präzise

Antworten auf Nutzerfragen liefern (vgl. Schema.org 2020b). Ein großer Vorteil des *Speakable*-Markups ist die einfache technische Umsetzung, die es jedem Unternehmen ermöglicht, sprachgesteuerte Antworten zu liefern. Das *Speakable*-Markup bietet sich auch für kleinere Einzelhandelsgeschäfte an, für die eine lokale, informative Sprachsuche besonders wichtig ist. Das *Speakable*-Markup ist einfach zu handhaben und kann meist ohne weitere technische Kenntnisse implementiert werden. So wird es möglich, bspw. **spezifische Fragen zum Unternehmen** (bspw. Anreise, Parkmöglichkeiten, Öffnungszeiten) gezielt zu beantworten. Dialoge, die dagegen konkrete Transaktionen zum Inhalt haben, stoßen beim *Speakable*-Markup an Grenzen, da es bisher noch keine geeignete Schnittstelle für Sprachkäufe bietet. Transaktionen müssen beim Einsatz des *Speakable*-Markups offline oder über andere Online-Schnittstellen stattfinden.

▶ **Tipp** Mit dem *Speakable*-**Markup** können Unternehmen Nutzer bei Voice-Search unterstützen, wenn es um die sprachbasierte Übermittlung von präzisen Informationen über das Unternehmen geht. Hierzu zählen neben der Anreise und Parkmöglichkeiten bspw. auch die Öffnungszeiten. In Summe können Unternehmen hierdurch erste **Erkenntnisse zur Implementierung von Voice-Content sammeln** und gleichzeitig **Kundenreaktionen erheben.**

Unternehmen, die auch **transaktionale Sprachsuchen** abbilden wollen, müssen hierfür deutlich mehr Ressourcen einsetzen. Hier geht es um die Entwicklung von **Voice-Apps.** Voice-Apps sind Programme, mit deren Unterstützung Dialoge und weitere Funktionalitäten bei Sprachassistenten möglich werden. Voice-Apps sind das Äquivalent zu den Apps für Smartphones und Tablets. Das wichtigste **Ziel jeder Voice-App** ist es, ein direktes Gespräch mit den (potenziellen) Kunden zu führen und diese in den verschiedenen Phasen des ASIDAS-Konzepts zu unterstützen. Die Erstellung einer Nutzeroberfläche in Gestalt einer Voice-App ist ein umfassendes Projekt. Elementar für den Erfolg einer Voice-App ist es, diese nach der Entwicklung zu promoten und möglichst viele (kaufkräftige) Personen zur (kontinuierlichen) Nutzung zu motivieren.

Auch hier liegt eine Parallele zum App-Marketing vor: Sleeper-Apps, installiert, aber nicht genutzt, liefern für die jeweiligen Unternehmen keinen Beitrag zur eigenen Wertschöpfung. Deshalb bedarf es im Kontext des Voice-Marketings auch eines **Voice-App-Marketing**s bzw. präziser einer **Voice-App-Promotion.** Gemäß dem *Voice Report 2019* von *Microsoft* und *Bing* ist die Auffindbarkeit von Sprachapplikationen nach wie vor der Engpassfaktor Nummer eins von Unternehmen (vgl. Olson und Kemery 2019, S. 38).

Campbell

Die *Campbell Soup Company,* ein US-amerikanisches Unternehmen der Lebensmittelindustrie, stellte als erstes Unternehmen eine Voice-App für den *Amazon Echo* bereit (vgl. Wohl 2015). Aufgrund dieser Pioniertat wurde das Vorgehen in den verschiedensten Medien aufgegriffen; hierdurch wurden die Downloadzahlen der App um ein Vielfaches gesteigert.

Campbell hat sich bei der **Entwicklung der App** von den Erwartungen der Nutzer leiten lassen. Die wichtigste Frage lautete: Was wünscht sich meine Zielgruppe und wie kann ich diese Wünsche und Bedürfnisse ansprechend durch eine Voice-App befriedigen? So bietet *Campbell* dem Nutzer der App verschiedenste Rezepte zum Kochen an. Die Auswahl der Rezepte wird jeweils in Abhängigkeit des Wetters, der eigenen Vorlieben sowie der vorherrschenden Trends getroffen. Hierdurch schafft *Campbell* eine spannende Schnittmenge zwischen einem interessanten Thema (Kochen), den eigenen Angeboten (u. a. Suppen) sowie den Kundenwünschen (leicht zugängliche leckere Rezepte). Auf diese Weise können indirekt immer wieder Kaufimpulse gegeben werden.

Bei *Amazon* werden die Voice-Apps *Skills* genannt; *Google* spricht hier von *Actions.* Diese Voice-Apps werden – auch hier vergleichbar mit den klassischen Apps – über einen speziellen Voice-App-Store zur Verfügung gestellt (bspw. in der Smartphone-App von *Alexa*). Im Gegensatz zu den klassischen Apps entfällt bei Voice-Apps ein Download; hier reicht es, bei *Alexa* den gewünschten *Skill* einfach zu aktivieren. Beim *Google Assistant* entfällt sogar diese einmalige Aktivierung; es genügt, eine der existierenden *Actions* direkt anzusprechen. Skills gibt es bspw. für folgende Bereiche:

- Bildung und Nachschlagewerke
- Gesundheit und Fitness
- Essen und Trinken
- Film und Fernsehen
- Kinder
- Lifestyle
- Lokales
- Musik und Audio
- Nachrichten
- Reise und Transport
- Shopping

- Smart Home
- Soziale Netzwerke
- Spiele und Quiz
- Sport
- Vernetztes Auto
- Wetter
- Wirtschaft und Finanzen

Skill Thalia Buch-Tipps

Thalia hat einen **Skill für Buch-Tipps** entwickelt. Hier kann sich der Nutzer aus verschiedenen Kategorien Empfehlungen aussprechen lassen. Die Anwendung zeigt allerdings noch großes Optimierungspotenzial. Ein richtiger Dialog stellt sich noch nicht ein. Wenn man bspw. zum Ausdruck bringt, dass man „*Fitzek*" als Autor nicht mag (und deshalb auch an weiteren Informationen zu seinem neuesten Roman nicht interessiert ist), steigt *Alexa* mit den Worten „Das wird heute wohl nichts mit uns!" aus dem Dialog aus. Zumindest ist *Thalia* hier schon einmal eingestiegen und kann erste Erfahrungen sammeln.

Der jeweils genutzte Sprachassistent muss natürlich wissen, mit welcher Software ein Nutzer Kontakt aufnehmen möchte. Dies kann entweder der digitale Assistent selbst sein oder aber die Voice-App eines Drittanbieters. Um die Sprach-App zu aktivieren, sind dem digitalen Assistenten bestimmte **Erkennungsworte** mitzuteilen. Suchanfragen, die auf Voice-Apps von Dritten abzielen, lauten bspw.: „Alexa, frage (Namen) …, ob …" Im obigen Beispiel heißt die Aktivierungsansprache *„Alexa, starte Thalia Buch-Tipps"*. Beim *Google Assistant* lautet die analoge Frage: „Ok Google, frage (Name), ob …" Ist die Ansprache so zu gestalten, ist dies für den Nutzer ein Hinweis darauf, dass die erwünschten Inhalte nicht vom digitalen Assistenten selbst kommen, sondern von der **Voice-App eines Drittanbieters**. Der Sprachassistent übernimmt hierbei lediglich eine Transportfunktion für Frage und Antwort. Wie gut die Frage durch die jeweilige Voice-App selbst beantwortet wird, liegt dann im Verantwortungsbereich des jeweiligen Anbieters (vgl. Hörner 2019, S. 16). So ausgestaltete Voice-Apps können die Nutzer in den Phasen Search, Action und Share des ASIDAS-Modells unterstützen, indem sie die Wünsche und Bedürfnisse der Kunden verstehen und idealerweise Lösungsvorschläge unterbreiten. Die Herausforderung für den Nutzer ist hierbei, die jeweiligen Erkennungsworte parat zu haben.

Vorteile der Voice-App-Aktivierung für die Anbieter
Durch die **Aktivierung der Voice-App eines Drittanbieters** reduziert sich der Lösungsraum für den Nutzer auf das Leistungsangebot des jeweiligen Unternehmens. Die Beschäftigung mit den jeweiligen Produkten und Dienstleistungen findet dann – anders als bei einer Suche bei *Amazon* – quasi im konkurrenzfreien Raum statt. Gleichzeitig sind Voice-Apps jeweils geschlossene Systeme, in denen Unternehmen – natürlich basierend auf den erforderlichen Permissions (Opt-ins) – Daten über Interessenten und Kunden sammeln und analysieren können. Teilweise wird hier auch ein Opt-in für die E-Mail-Kommunikation eingeholt (so bspw. auch bei *Thalia*), um weitere Informationen bereitstellen zu können. Diese gesammelten Daten bilden die Grundlage für die kontinuierliche Weiterentwicklung der Sprachapplikation wie auch für die zielführende Ansprache von Interessenten und Kunden (häufig unter Einbindung der angesprochenen Marketing-Automation).

Um diese Vorteile zu erreichen, ist es unverzichtbar, dass der Nutzer (nach der einmaligen Aktivierung der Voice-App) im Rahmen seiner **Voice-Customer-Journey** den Namen des jeweiligen Anbieters bzw. der jeweiligen Marke nennt. Die wiederholte Aussprache des Unternehmens- bzw. des Markennamens kann die Bindung zwischen Nutzer und Unternehmen/Marke stärken und so die Wahrscheinlichkeit einer Transaktion erhöhen. Allerdings nutzen zurzeit nur 12 % der Voice-Apps Handlungsaufforderungen, um ihre Produkte hervorzuheben oder weitere Informationen anzubieten (vgl. Kinsella und Mutchler 2019, S. 21). Zusätzlich spielen **Branding-Effekte** bei Sprachapplikationen eine große Rolle, da die Interaktion mit der Stimme mehr Emotionen beim Benutzer weckt und bequemer ist als traditionelle Interaktionsmöglichkeiten (vgl. Seyed Vousoghi 2019, S. 37).

▶ Tipp Die **Implementierung einer Voice-Persona** kann einem Unternehmen bzw. einer Marke zusätzliche „Sexiness" verleihen. Dies ist der Fall, wenn bspw. ein bekannter Schauspieler einem Unternehmen oder einer Marken seine Stimme „leiht". Dies kann einen besonders hohen Wiedererkennungswert für das Unternehmen oder für die Marke schaffen. Bei der **Auswahl einer Voice-Persona** ist darauf zu achten, dass diese – auch längerfristig – zur Corporate-Identity bzw. zur Brand-Identity passt. Diese Fragestellung gehört zum Thema **Sound-Branding** (vgl. Abb. 2.1).

Durch die Kundenkommunikation über digitale Assistenten werden die für eine Customer-Journey nutzbaren Touchpoints vermehrt. Damit diese neuen Touchpoints von den Nutzern angenommen werden, bedarf es einer **gut funktionierenden Spracherkennung.** Wer schon häufiger versucht hat, über Sprache unterschiedliche Systeme zu steuern (seien es die digitalen Assistenten, sprachbasierte Navigationssysteme oder Abfragen bei Telefonanrufen), der weiß, wie „nervig" es ist, wenn die gesprochenen Inhalte nicht sauber erkannt werden. Hier werden in den nächsten Jahren noch signifikante Verbesserungen notwendig, aber auch möglich werden.

Zusätzlich ist es von Bedeutung, dass der digitale Assistent die Anfragen möglichst „ergebnisoffen" aufgreift, um den Nutzern ein **Angebot von überzeugenden Lösungen** zu unterbreiten, aus denen ausgewählt werden kann. Hier sollte dem potenziellen Kunden zumindest ein **Gefühl von Objektivität vermittelt** werden, statt der sehr offensichtlichen Hinführung zu einem – primär aus Anbietersicht optimalen – Ergebnis. Bei Voice-Apps von Anbietern muss sich der Nutzer allerdings darüber im Klaren sein, dass sich der mögliche Lösungsraum von Vorschlägen nur auf das Angebot des jeweiligen Unternehmens bezieht.

Anders ist dies, wenn es sich um die **Voice-App eines Plattformbetreibers** handelt, der auf seiner Plattform eine Vielzahl unterschiedlicher Anbieter zusammenführt und – algorithmengesteuert – bei Voice-Search das jeweils „beste" Angebot aus der kompletten Vielfalt auswählt. Hierzu kann bspw. ein Werkzeug eingesetzt werden, das – orientiert an den Suchkriterien des Nutzers – das jeweils „optimale" Angebot auswählt. Allerdings ist auch hier nicht mit einer umfassenden **Neutralität des Plattformbetreibers** zu rechnen, da dieser diejenigen Produkte und Dienstleistungen höher priorisieren kann, die ihm einen höheren Deckungsbeitrag einbringen.

Bisher ist allerdings noch festzustellen, dass die meisten Voice-Apps solche Funktionen noch nicht bieten. Insgesamt decken heute nur 9 % der im Einsatz befindlichen Sprachapplikationen die gesamte Customer-Journey ab. Weitere 9 % ermöglichen es dem Nutzer, zumindest über einen anderen vom Unternehmen angebotenen Kanal die Transaktion abzuschließen (vgl. Kinsella und Mutchler 2019, S. 21). Hier liegt ein enormes **Verbesserungspotenzial bei Voice-Apps,** das in den nächsten Jahren ausgeschöpft werden dürfte. Schließlich werden in absehbarer Zeit immer mehr Unternehmen in diesen Markt einsteigen und den Funktionsumfang ihrer Voice-Apps Schritt für Schritt erweitern.

Gleichzeitig sollte die Voice-App möglichst nahtlos in die kundenorientierten Kommunikationsaktivitäten integriert werden, um ein überzeugendes, möglichst **friktionsarmes Cross-Channel-Erlebnis** für den Kunden zu schaffen. Die Vernetzung der unterschiedlichsten digitalen Endgeräte (Smartphone, Tablet, digitaler Assistent) ist hierfür ein relevanter Faktor (vgl. Olson und Kemery 2019, S. 10). Hier kann eine Analogie zum Konzept des Smart Homes herstellt werden, das in Abb. 1.4 präsentiert wurde – eine funktionierende Vernetzung über verschiedene Devices ist eine Herausforderung, die noch bewältigt werden muss.

Gleichzeitig stellt sich die Frage, wie bei Voice-Search gesponserte Angebote für den Nutzer hörbar gemacht werden können. Hierbei geht es um die wichtige Entwicklung von (Digital) **Retail-Media.** Dabei handelt es sich um die Möglichkeit, in Webshops sowie auf Online-Marktplätzen Werbung zu schalten. Solche Angebote finden sich schon heute in den E-Commerce-Shops von *Amazon, eBay, Otto* und *Zalando.* Diese Art der bevorzugten Ausspielung entsprechend „gesponserten Angeboten" sollte auch bei **Voice-Retail-Media** eingesetzt werden.

Es wurde deutlich: Voice-Apps bieten – etwa im Vergleich zum bloßen Markieren von Textsegmenten – eine sehr viel umfassendere Nutzungsspektrum an. In der nahen Zukunft werden diese Voice-Apps immer größere Teile der Customer-Journey abdecken und damit Kunden in **Lock-in-Systeme** einbinden. Sind in einer Voice-App bereits viele Daten des Nutzers gespeichert (bspw. Markenpräferenzen, Größe, Preisklasse, bisher getätigte Käufe, eigene Produktbewertungen, Kontakt- und Zahlungsdaten), wird die Bindung der Nutzer und ggf. auch die Intensität der Nutzung dieser Voice-App erhöht. Schließlich verlöre der Nutzer bei einem Wechsel zu einer anderen Voice-App alle diese Daten und müsste wieder bei „Null" anfangen. Der Kunde unterwirft sich hier selbst einem **Lock-in-Effekt;** sprich: Er „sperrt" sich selbst bei einem bestimmten Anbieter ein, weil die Abwanderung zu einem anderen Unternehmen mit Wechselkosten verbunden wäre. Je persönlicher und individueller die Kommunikation über eine Anbieter-Voice-App erfolgt, desto höher fallen diese Wechselkosten aus. Die damit einhergehenden Wechselbarrieren können sich aus Anbietersicht nicht nur positiv auf die Kauffrequenz und die jeweilige Höhe des Kassenbons auswirken, sondern auch auf die Preisbereitschaft (i.S. der Akzeptanz höherer Preise).

Lock-in-Prozess durch die Nutzung einer Voice-App

Lassen sich bestimmte Produkte oder Dienstleistungen elegant über die Voice-App eines Anbieters ansteuern, dann entfällt für den Nutzer die Notwendigkeit, andere Unternehmen zu kontaktieren. Der Nutzer lässt sich freiwillig auf einen **Lock-in-Prozess** ein, wenn die Prozesse komfortabel organisiert sind und den eigenen Präferenzen entsprechen. Unternehmen, denen dies gelingt, bauen einen großen Abstand zu ihren Wettbewerbern auf. Durch eine kontinuierliche Weiterentwicklung der Voice-App-basierten Angebote kann diese Bindung immer mehr intensiviert werden.

Voice-Einsatzfelder – offline

Die **Nutzung von Sprachapplikationen** ist allerdings nicht auf den Online-Bereich beschränkt. Entsprechende Systeme können auch am **Point of Sale** eingesetzt werden, um dort Suchprozesse zu unterstützen. Innovative Händler (wie bspw. *Mango*) bieten schon heute sogenannte **Smart Fitting-Rooms** an (vgl. Arthur 2018). Der Hintergrund dieser Entwicklung ist die Tatsache, dass ein Omni-Channel-Kunde heute vielfach erwartet, dass die teilweise aus dem E-Commerce vertrauten **Self-Services** auch im stationären Handel angeboten werden – und mehr. Hierzu zählen bspw. die folgenden Funktionalitäten, die ein Smart Fitting-Room ermöglichen kann (vgl. Detego 2020):

- Überprüfung der Artikelverfügbarkeit in Echtzeit
- Präsentation von relevanten Produktvarianten (Größen, Farben, Modelle)
- Ergänzende Produktempfehlungen zu den in der Kabine anprobierten Teilen
- Anforderung eines Verkäufers und/oder von spezifischen Artikeln, ohne die Kabine zu verlassen (Stichwort „Call-to-assist")
- Präsentation des kompletten Sortiments (Stichwort „endless aisle"), auch wenn nicht alle Produkte im Laden vorrätig sind (inkl. integrierter Möglichkeit zur Online-Bestellung)
- Vornahme von Artikel-Reservierungen in anderen Filialen
- Angebot unterschiedlicher Lieferoptionen
- Abgabe von eigenen Produktempfehlungen über unterschiedliche Social-Media-Kanäle

Wie ein solcher Smart Fitting-Room schon heute ausgestaltet sein kann, zeigt Abb. 2.12. Um ein möglichst überzeugendes Shopping-Erlebnis zu erzeugen,

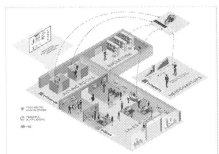

Abb. 2.12 Smart Fitting-Room. (Quelle: Detego 2020)

ist in Zukunft die **Voice-Search in Smart Fitting-Rooms** zu integrieren. Dann findet die hier noch per Hand vorzunehmende Navigation ebenfalls über eine Spracheingabe statt. Der Kreativität in der **Individualisierung der Kunden-betreuung on- und offline** sind auch hier „lediglich" datenschutzrechtliche und budgetäre Grenzen gesetzt.

2.4 Handlungsfelder der Voice-Search-Engine-Optimierung

Um bei Voice-Search zu überzeugenden Ergebnissen zu kommen, ist zunächst die **Suchintention der Nutzer** möglichst gut zu verstehen. Deshalb gilt es im ersten Schritt zu klären, welche Arten von Sprachsuchen es gibt und ob alle Arten für Unternehmen relevant sind. Zusätzlich ist zu berücksichtigen, von wem, wann, wo und mit welcher Intention Sprachsuchen getätigt werden. Um diese Fragen zu beantworten, werden die **sprachgesteuerten Anliegen** in fünf verschiedene Arten unterteilt, die bereits in Kap. 1 beim Testdesign angesprochen wurden:

- **Fragen, die sich auf das lokale Umfeld beziehen:** Wo kann ich Marketing-Bücher kaufen? Wo ist das nächste japanische Restaurant?
- **Fragen im Kontext des Shoppings:** Wer biete Kamera-Mikrophone unter 50 € an? Wo sind heute Schnäppchen beim Parfüm-Kauf möglich? Welche Sonderangebote gibt es heute bei *Media-Markt?*
- **Fragen zur Navigation:** Was ist die schnellste Verbindung zum *Futurium* in Berlin? Wie komme ich zum *Konzerthaus* in Berlin?
- **Fragen zu unterschiedlichen Sachverhalten:** Wie ist morgen das Wetter in Rom? Wann wird die 9. Symphonie von *Beethoven* in der *Kölner Phil-harmonie* gegeben? Wie heißt das aktuelle Buch von *Yuval Noah Harari?* Wie hoch und wie schwer ist der *Eiffelturm?* Was macht das Leben lebenswert?
- **Befehle:** Erinnere mich an meine Telko zur *AfM-Tagung* heute um 10.30 Uhr. Stelle den Timer auf 30 min.

Die hier ausgewiesenen **Fragenkategorien** stellen für die Unternehmen eine besondere Herausforderung dar, weil die Ausgestaltung der Fragen sehr unter-schiedlich ausfallen kann und der Antwortraum – bei manchen Fragen – kaum Grenzen aufweist. Im Gegensatz dazu sind **Befehle** viel leichter umzusetzen, weil diese Befehle auf ganz konkrete Funktionen abzielen, die in der App bereits ins-talliert sind, wie zum Beispiel das Stellen eines Weckers oder die Tätigung eines Anrufes.

Für Anbieter sind vor allem die **Shopping-bezogenen Fragen** von besonderer Bedeutung. Wie bereits in Abb. 1.2 sichtbar wurde, wird Shopping allerdings nur von 5 % der Nutzer von digitalen Assistenten regelmäßig praktiziert. Hier besteht noch ein enormes **Wachstumspotenzial,** dessen Erschließung allerdings die umfassende Weiterentwicklung von Shopping-Funktionen (idealerweise mit integrierter Zahlungsfunktion) voraussetzt. Mit 35 % stehen dagegen die Suchen (bspw. mit *Google*) an zweiter Stelle. Viele dieser Suchanfragen können auch einen Shopping-Bezug aufweisen. Deshalb es ist für stationäre Einzelhändler zwar ein kleiner (Awareness-Phase), aber unverzichtbarer Schritt in Richtung Voice-Search, zumindest mit allen relevanten Daten (Angebot, Adresse, Öffnungszeiten) schnell gefunden zu werden. Dazu ist ein Eintrag in *Google My Business* unverzichtbar (vgl. vertiefend Kreutzer 2018a, S. 303 f.).

Nur wenn man bspw. *Google* mit relevanten und aktuellen Informationen versorgt, kann *Google* Nutzern auch **relevante und aktuelle Informationen** bieten. Hier müssen viele Unternehmen ihrer Hausaufgaben noch viel überzeugender erledigen als bisher. Werden zusätzlich Angebote in *Google Shopping* präsentiert, ist die Wahrscheinlichkeit sehr hoch, dass diese bei Voice-Search bevorzugt ausgespielt werden. Um die Wahrscheinlichkeit eines **Kaufes,** einer Reservierung oder **einer** Spende zu erhöhen, sind nicht nur relevante Informationen bereitzustellen, sondern bei den entsprechenden Angeboten auch **Calls-to-Action** zu integrieren, um die Konversion voranzutreiben (vgl. Abb. 2.6 und 2.11). Hierzu kann ganz banal eine Telefonnummer zur Tischreservierung oder eine Audio-Navigation zur Lokalität angeboten werden, um die Customer-Journey so einfach wie möglich zu gestalten (vgl. Kemp 2019).

Wo Voice-Search praktiziert wird

Neben der Art der Sprachsuchen ist die Umgebung, in der die Suchanfragen getätigt werden, ein entscheidendes Kriterium, um den Erwartungen der Nutzer gerecht zu werden. Antworten auf Voice-Search, die unterwegs durchgeführt werden, sollten kurz sein und dem Kunden weitere relevante Dienstleistungen anbieten (bspw. eine Navigation zum Ziel). Im Gegensatz dazu kann es sehr sinnvoll sein, wenn bei sprachbasierten Anfragen aus dem häuslichen Umfeld weitere hilfreiche Informationen zum angefragten Produkt bzw. zur Dienstleistung bereitgestellt werden. Doch welche **Nutzungssituationen bei Voice-Search** kommen heute zum Tragen? Bei einer Befragung von über 1700 Personen in den USA im Jahre 2019 stellte sich heraus, dass noch immer die meisten Sprachsuchen in den eigenen vier Wänden stattfinden (vgl. Enge 2019). Gleichzeitig zeigt sich, dass Sprachsuchen jetzt auch immer öfter an öffentlichen Orten und bei sozialen Events, wie im Fitnessstudio, auf Partys oder im Restaurant verwendet, werden (vgl. Abb. 2.13).

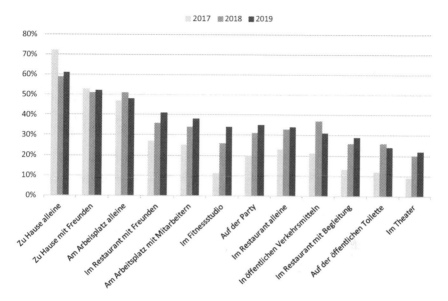

Abb. 2.13 Nutzung von Sprachbefehlen nach Umfeld – in %. (Quelle: Basierend auf Enge 2019)

Abb. 2.13 zeigt, dass die Nutzung von **Voice-Searches in vielen öffentlichen Umfeldern** zugenommen hat. Die Hemmschwelle für Mitmenschen, hörbare Sprachbefehle zu geben und ggf. auch für andere hörbare Antworten zu erhalten, hat (leider) abgenommen. Immer mehr Personen verwenden die verschiedenen Sprachassistenten auch dann, wenn sie von anderen Personen umgeben sind. Dieser Trend wird aller Voraussicht nach auch in naher Zukunft weiter Bestand haben, da vor allem die jüngere Generation mit Sprachassistenten aufgewachsen ist und deren Nutzung komplett in den Alltag integriert hat. Das ist ein weiterer Treiber, der die Nutzung von Voice-Search verstärken wird.

2.5 Erfolgsfaktoren des Voice-Marketings

Um das Voice-Marketing zielorientiert auszugestalten, ist ein Wissen um die relevanten **Erfolgsfaktoren** unverzichtbar. Nur dann können bei der Optimierung die richtigen Schwerpunkte gesetzt werden. Deshalb wird hier ein Blick auf diese Erfolgsfaktoren geworfen.

Bereitstellung strukturierter Daten
Wie bereits erwähnt, können Unternehmen mithilfe des *Speakable*-Markups ihre eigenen Inhalte als strukturierte Daten kennzeichnen. Die gekennzeichneten Inhalte sollten sich hierbei immer auf die Beantwortung einer bestimmten Frage fokussieren. Dies steigert die Wahrscheinlichkeit, von den Suchmaschinen als **Featured Snippet** reproduziert zu werden (vgl. Abschn. 2.2). Laut einer Studie von *Backlinko* wurden bei der Analyse von 10.000 *Google Home*-Suchanfragen 40,7 % aller Antworten von Featured Snippets gezogen (vgl. Dean 2018).

Länge der Suchanfragen
Eine Besonderheit der Voice-Searches ist, dass sie aus mehr Suchbegriffen als textbasierte Suchanfragen bestehen. Dies hat zur Folge, dass Unternehmen sich auf **Long-Tail-Keywords** vorbereiten müssen; denn häufig setzen sich Suchanfragen aus mehreren miteinander in Verbindung stehenden Wörtern zusammen. Im Gegensatz zu generischen Keywords (etwa „Sneaker" oder „Agentur") beschreiben Long-Tail-Keywords einen gesuchten Artikel bzw. einen gewünschten Dienstleister sehr viel spezifischer. Statt „Sneaker" heißt es dann „Sneaker von *Nike Air Jordan III Animal Instinct*" und statt „Agentur" lautet die Suche dann „Agentur für Voice-SEO mit Schwerpunkt B2B". Solche Long-Tail-Keywords treten eher am unteren Ende des Conversion-Funnels auf, da der Suchende schon eine spezifischere Vorstellung des gewünschten Suchergebnisses hat (vgl. Abb. 2.14).

Wie schon angesprochen, werden bei Voice-Search eher mehr Wörter verwendet, sodass sich Unternehmen verstärkt auf Anfragen mit Long-Tail-Keywords einstellen müssen. Nichts ist für den Nutzer dann frustrierender, als auf eine Anfrage mit dem Inhalt „Sneaker von *Nike Air Jordan III Animal Instinct* in Bonn kaufen", ein x-beliebiges Angebot von Sneakers eines Online-Shops unterbreitet zu bekommen. Da Nutzer mit einer solch spezifischen Suchanfrage ein viel höheres Kaufinteresse aufweisen, sollten sie möglichst ohne Umwege zu einem stationären Händler geführt werden, der diese Schuhe grundsätzlich führt (eine Schuhgröße zum Verfügbarkeitscheck hat der Nutzer ja nicht angegeben).

Die Herausforderung für die Anbieter lautet folglich, dass die Antworten möglichst präzise auf die Suchintention abgestimmt sind. Um die Beantwortung so natürlich wie möglich zu gestalten, dürfen in die generell eher kurz zu fassenden Antworten auch Füllwörter integriert werden. Für ein optimales **Audio-Erlebnis** empfiehlt *Google,* bei Voice-Search die Anzahl der Wörter bei den Antworten auf ca. 30 zu beschränken; auf Schachtelsätze sollte verzichtet werden. Es wird empfohlen, etwa 20 bis 30 s an Inhalten pro Abschnitt sprechender, strukturierter Daten zu präsentieren (vgl. Hörner 2019, S. 263).

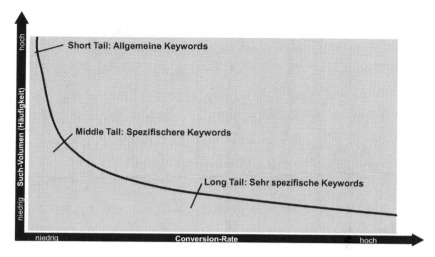

Abb. 2.14 Keywords – im Short, Middle und Long Tail

> **Tipp** Für das Voice-Marketing müssen nicht zwangsläufig neue Inhalte erstellt werden. Vor allem **FAQ-Seiten** (FAQ für Frequently Asked Questions) eignen sich für die Text-zu-Sprache-Konvertierung, wenn sie bereits so aufbereitet sind, dass sie präzise Antworten in kurzen Sätzen präsentieren. Eine Markierung durch das *Speakable*-Markup kann hier eine effektive Möglichkeit sein, um schnelle Ergebnisse zu erzielen.

Ladezeit

Ein wichtiges Kriterium, um bei Voice-Search berücksichtigt zu werden, ist, eine möglichst kurze Ladezeit der Website zu gewährleisten. Voice-Search wird häufig auf mobilen Endgeräten genutzt. Dies hat zur Folge, dass der Nutzer schnelle, kurze und möglichst präzise Antworten erwartet, ohne lange auf diese warten zu müssen. Dafür ist es unerlässlich, für eine mobile Voice-Search irrelevante Daten von der Sprachwiedergabe auszuschließen (vgl. Dahnke 2019).

Tonalität der Antworten

Idealerweise sollten die Antworten der digitalen Assistenten die Tonalität der Zielgruppe aufgreifen – allerdings nur so weit, wie diese sich an gültigen Anstandsregeln orientiert. Durch den zielgruppenspezifischen Einsatz der Sprache kann das Unternehmen die Customer-Experience verbessern. Hierfür ist es auch wichtig, dass bei der Antwort Begriffe verwendet werden, die der Suchende selbst genutzt hat. Dies setzt allerdings voraus, dass auf Websites entweder Antworten in unterschiedlichen Tonalitäten definiert wurden oder ein digitaler Assistent über eine größere Bandbreite von KI-basiert generierten Tonalitäten verfügt.

CTA

All die bisherigen Faktoren und Ratschläge dienen dazu, auf Position Zero zu ranken. Allerdings ist die Customer-Journey hier ja noch nicht zu Ende, solange nicht lediglich Informationen (bspw. in einer Info-Box) bereitzustellen sind. Für viele Unternehmen ist die Position Zero der Ausgangspunkt, um den Nutzer jetzt mit Calls-to-Action auf weitere Inhalte, konkrete Angebote o. Ä. aufmerksam zu machen, um so die final angestrebte Conversion zu erreichen.

2.6 Voice-Search-Engine-Advertising

Aufgrund der Veränderungen im Suchverhalten ergibt sich die Anforderung, auch das **Keyword-Portfolio eines SEA-Accounts** (SEA für Search-Engine-Advertising) entsprechend anzupassen. Die Relevanz der Long-Tail-Keywords wurde bereits in Abschn. 2.5 beleuchtet. Diese Long-Tail-Keywords sind auch für das **Voice-Search-Engine-Advertising** (Voice-SEA) relevant. Vor dem Hintergrund von Suchanfragen, die häufig nicht mehr auf einzelne Begriffe fokussieren, sondern komplette Fragen stellen, müssen auch die **Match-Typen für Voice-SEA** neu definiert werden (vgl. Kohn 2018).

Die Herausforderung besteht darin, durch eine intensive Auswertung der Berichte über die Suchanfragen besonders häufig vorkommende und relevante **Suchkombinationen** als Long-Tail-Keywords zu buchen, um so eine zusätzliche Sichtbarkeit für Voice-Content zu schaffen. Hierzu kann auch die Einbuchung von Fragewörtern wie Wo?, Wer?, Welche?, Warum?, Wann?, Was?, Wie? beitragen. Ähnlich verhält es sich mit Befehlen wie „Bestelle für mich …!", „Finde für mich …!", „Suche nach …!". Zum Einstieg können bspw. **gesprächsartige Keywords** eingefügt werden, die auf den bei Voice-Search üblichen Fragen aufsetzen. Ein Beispiel ist etwa der Suchauftrag „Finde ein Fitnessstudio in meiner Nähe". Um hier mit relevanten Informationen vertreten zu sein, kann sich der Einsatz von Standorterweiterungen bei *Google Ads* lohnen. Hierbei sollte genauer auf die Ausrichtung der Fragen geachtet werden. Bei der Frage: „Wie kann man einem Fitnessstudio beitreten?", befindet sich der Nutzer tendenziell noch weit oben im Conversion-Funnel. Wer dagegen fragt: „Wo ist das nächste Fitnessstudio?", ist ggf. schon nahe an einem entsprechenden Besuch (vgl. Thompson 2018).

Werden **Voice-Anzeigen** für die Voice-Search geschaltet, dann ist das primäre Ziel – heute – meist noch nicht der direkte Verkauf, sondern die **Bereitstellung von Informationen innerhalb des Conversion-Funnels.** Mit der zunehmenden Integration von Funktionalitäten der Voice-Search mit E-Commerce werden immer mehr Anwendungen den direkten Verkauf unterstützen. Im Moment geht es für die meisten Unternehmen allerdings darum, den potenziellen Kunden die eigenen Produkte und Dienstleistungen bekannt zu machen. Die größte Herausforderung liegt folglich nach wie vor bei der organischen Auffindbarkeit der eigenen Voice-App. Immer mehr Unternehmen erkennen, dass eine organische Verbreitung nicht ausreicht und nutzen deshalb die neuen werblichen Möglichkeiten von *Amazon, Google* & Co. Das Ziel einer **Voice-SEA-Kampagne** liegt derzeit mehrheitlich bei einer besseren **Auffindbarkeit der eigenen Voice-App;** zusätzlich sind Impulse zu setzen, um die **Voice-App-Nutzung** zu fördern.

Amazon und *Google* bieten seit 2019 die Möglichkeit an, eigene Voice-Inhalte zu bewerben (vgl. Kinsella 2019a). Bei *Amazon* geht es vor allem darum, die Skills aktiv zu bewerben, um deren Bekanntheit zu steigern. *Google* testet das Schalten von zusätzlichen beworbenen Angeboten bei verschiedenen Sprachsuchen, u. a. bei Reiseanfragen. Beide Hersteller experimentieren noch mit ihren Angeboten und sagen öffentlich, dass die Bandbreite für Werbekampagnen nach und nach ausgebaut werden soll, um auch hier weitere Erlösquellen zu erschließen.

Auch andere Dienstleister bieten jetzt **Audio-Advertising** – sprachgesteuerte Werbung – an. Vor allem Streaming-Dienste, wie *Spotify* oder *Pandora,* haben im Jahr 2019 begonnen, interaktive Audio-Ads zu integrieren (vgl. Schwartz 2019). Solche Audio-Ads haben gegenüber traditionellen Werbespots einen entscheidenden Vorteil: **Komfort!** Die digitalen Assistenten ermöglichen es dem Nutzer, durch einfaches Antworten auf die Werbung einzugehen und direkt weitere Informationen zu Produkten und/oder Dienstleistungen anzufordern.

Seit April 2019 haben Unternehmen wie *Comcast, Doritos, Nestlé, Unilever* etc. erste Testversuche gestartet und ihre Produkte mithilfe von Audio-Ads beworben. Einer Studie von *Instreamatic* zufolge sind die interaktiven Sprachwerbungen bei Nutzern sehr beliebt und sorgen im Vergleich zu traditioneller Werbung für eine bis zu zehnfache Umsatzsteigerung (vgl. Schwartz 2019). Dies mag an der Neuartigkeit der Werbeform liegen; auch die ersten Online-Banner hatten mit 40 bis 50 % Click-Through-Rates Erfolge, von denen heute nur noch geträumt werden kann.

Analog zur traditionellen Suchmaschinen-Werbung (SEA) geht es auch beim Voice-SEA zunächst darum, relevante **Voice-Inhalte** aufzubauen, um diese im Anschluss zu bewerben. Entscheidend für den Erfolg des Voice-Marketings ist nicht nur, dass die nach einer Voice-Search präsentierten Produkte und Dienstleistung möglichst genau den Bedürfnissen und Wünschen des Nutzers entsprechen. Auch eine möglichst einfache (und fehlertolerante) Sprachsteuerung sowie überzeugende Handlungsaufforderungen gehören zu einer positiven Customer-Experience dazu (vgl. Kinsella 2019a).

2.7 KPIs des Voice-Marketings

Um den Erfolg von **Voice-Marketing-Kampagnen** zu erfassen und kontinuierliche Verbesserungen erreichen zu können, bedarf es messbarer Kriterien (KPIs für **Key-Performance-Indicators**). Nur so können notwendige Optimierungsbedarfe erkannt und konsequent bearbeitet werden. Diese KPIs können bspw. auf Monatsbasis erhoben werden, um die Erfolge oder Misserfolge des Voice-Marketings zu analysieren:

- Anzahl der Personen, die eine **Voice-Search** im relevanten Markt (bspw. für Schuhe, Bekleidung, Haushaltselektronik) **gestartet** haben (in % der Gesamtzahl aller Suchanfragen)
- Anzahl der Personen, die eine eigene **Voice-App aktiviert** haben (in % der Gesamtzahl der eigenen Kunden)
- Anzahl der Personen, die eine **Voice-Search gestartet und mit einer spezifischen Konversion abgeschlossen** haben (in % der Gesamtzahl aller Nutzer, die die gleiche Konversion erreicht haben; sei dies eine Angebotsanforderung, ein E-Mail-Bezug, ein Kauf im Online-Shop oder ein Besuch bzw. ein Kauf im stationären Geschäft, Say & Reserve, Say & Collect)
- **Anzahl der Voice-Search-Abbrüche** (in % der Gesamtzahl aller Voice-Searches)
- **Durchschnittsumsatz bei Voice-Search** (in Relation zum Durchschnittsumsatz insgesamt)
- **Anzahl der Fragen pro Voice-Search**
- **Dauer der Voice-Search-Prozesse** (gesplittet nach Abschluss mit und ohne Konversion)
- **Anzahl der nicht beantwortbaren Fragen** (in Relation zu Gesamtzahl der gestellten Fragen)
- **Anzahl der regelmäßigen Voice-Search-Nutzer** (in % der Gesamtzahl der Voice-Search-Nutzer)

- **Anzahl der Unique Voice-Search-Nutzer** (in % der Gesamtzahl der eigenen Kunden)
- **Ladezeit der Website** bei verschiedenen Fragestellungen

Im letzten Kapitel werden Ableitungen aus den bisherigen Ausführungen vorgenommen, um eine **Voice-Marketing-Journey** zu entwickeln. Unternehmen, die noch keine Voice-Strategie haben, erhalten hier Empfehlungen, um sich sukzessiv der Position Zero anzunähern.

Voice-Marketing-Journey zur Implementierung des Voice-Marketings in Unternehmen

3

Der Markt von Voice-Search entwickelt sich erst noch – zeigt allerdings schon heute ein beträchtliches **Wachstumspotenzial.** Deshalb sollte kein Unternehmen, das seine Frequenz online oder offline in hohem Maße den unterschiedlichsten Suchanfragen verdankt, auf erste Fingerübungen in Sachen Voice-Marketing verzichten. Warum das so ist, wird anhand der **Performance-Potenzial-Matrix der Künstlichen Intelligenz** in Abb. 3.1 sichtbar. Die Positionierung der digitalen Assistenten im Zentrum unterstreicht, dass die Leistungen hier schon solide sind

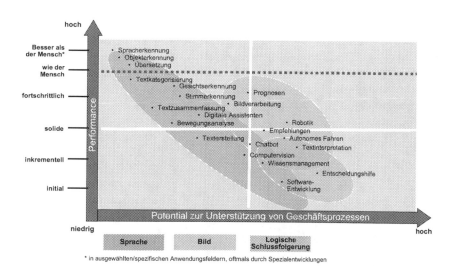

Abb. 3.1 Performance-Potenzial-Matrix der Künstlichen Intelligenz. (Quelle: Basierend auf ADL 2019, S. 18)

© Springer Fachmedien Wiesbaden GmbH, ein Teil von Springer Nature 2020
R. T. Kreutzer und D. Seyed Vousoghi, *Voice-Marketing*, essentials,
https://doi.org/10.1007/978-3-658-29474-8_3

und ein signifikantes Potenzial für die Unterstützung von Geschäftsprozessen aufweisen. Das heißt nur eines: **Zeit, zu handeln.**

Im Folgenden wird ein **Stufen-Modell** vorgestellt, mit dem Unternehmen
gezielt die Herausforderung des Voice-Marketings meistern können, um möglichst zeitnah und zielorientiert zu starten.

Stufe 1: Erkennen der Suchintention der Nutzer
In dieser Phase geht es darum, die konkreten, durch eine Frage zum Ausdruck
gebrachten **Erwartungen der Nutzer** zu verstehen. Dies ist eine Voraussetzung,
um relevante Inhalte als Antwort präsentieren zu können. Nur wenn sichergestellt
wird, mehrheitlich diese Erwartungen zu erfüllen (oder sogar zu übertreffen),
wird die Sprachsuche auf **Akzeptanz** stoßen und zum **Vertrauensaufbau** bei den
entsprechenden Anbietern führen. Hierfür ist es unverzichtbar, dass diese Anbieter eine Empfängerperspektive einnehmen und sich empathisch in die Nutzer hin-
einversetzen. Nur wenn die Antworten der Unternehmen den Erwartungen der
Sprachnutzer entsprechen, kann eine Position Zero erreicht werden; außerdem ist
eine zumindest zufriedenstellende Antwort die Voraussetzung, dass der Nutzer die
Customer-Journey zum eigenen Unternehmen fortsetzt. Grundsätzlich erwarten
Sprachnutzer **schnelle und kurze Antworten** – vor allem ohne die Notwendigkeit, weitere Daten per Tastatureingabe bereitzustellen (vgl. Enge 2019).

Um den Suchintentionen auf die Spur zu kommen, sind zunächst die Anfragen auszuwerten, die bspw. im **Customer-Service-Center** auftreten. In Gesprä-
chen mit den Mitarbeitern ist hier zu ermitteln, welche Fragen immer wieder
gestellt werden, welche Informationsbedürfnisse bestehen und welche Antworten
für die Nutzer besonders hilfreich sind. Außerdem kann ermittelt werden, welche **Suchanfragen auf der eigenen Website** gestartet werden. Eine interessante
Informationsquelle für Kundenfragen stellen auch die Q&A-Sessions auf der
Google-My-Business-Seite dar – sowohl der eigenen wie auch der von Wettbewerbern. Auch hier werden Kundenanfragen im O-Ton gefunden. Zusätzlich können einschlägige **Social-Media-Seiten** ausgewertet werden (etwa frag-mutti.de,
Fashion-Blogs), um festzustellen, welche Fragen die eigene Zielgruppe momentan umtreiben. Dies ist vor allem in Industrien, die stark trendgetrieben sind, hilfreich (bspw. die Fashion-Industrie). Weitere Ideen davon, was Kunden an den
eigenen Angeboten schätzen oder auch kritisieren und damit auch Gegenstand
zukünftiger Fragen sein könnte, ist den **Rezensionen des eigenen Angebots**
zu entnehmen. Da diese Rezensionen in natürlicher Sprache verfasst sind, kann
gleichzeitig festgestellt werden, welche Begriffe die Kunden hinsichtlich der eigenen Angebote verwenden.

▷ **Tipp** Voice-Marketing-Experten, die die Suchintention der Zielgruppe richtig deuten, können Folgefragen antizipieren. Noch bevor ein Nutzer diese gestellt hat, werden idealerweise schon die passenden Antworten geliefert und ein geeigneter Call-to-Action aktiviert. Hierdurch kann die Conversion-Rate gesteigert und der Vertrauensaufbau beschleunigt werden.

Stufe 2: Identifizierung von relevanten Keywords

Es wird Gegenstand eines kontinuierlichen Lernprozesses sein, basierend auf einer initialen **Einschätzung der relevanten Keywords** die aus Kundensicht wichtigsten Begriffe bei Voice-Search zu erkennen – ebenso wie deren Veränderungen im Zeitablauf. Eine große Herausforderung besteht darin, relevante **Keyword-Kombinationen** zu ermitteln. Schließlich macht es einen großen Unterschied, ob ein Nutzer den „günstigsten Flug" oder die „schnellste Verbindung" nach Barcelona sucht. Eine bewährte Strategie besteht darin, zunächst festzustellen, bei welchen Keywords das Unternehmen bereits in der Lage ist, die gewünschten Konversionen zu erreichen. Ausgehend von diesen Keywords sind dann weitere ähnliche Begriffe einzusetzen. Einfache Anpassungen reichen hier meist schon aus, um eine gute Position bei ähnlichen Keywords aufzubauen.

Die hier besonders wichtigen **sprachbasierten Suchanfragen** erkennt man häufig an den Fragewörtern: Wo?, Wie?, Wann?, Wer? Auch Befehle wie „Sage mir", „Gib mir" oder „Zeige mir" deuten vielfach auf standortbezogene Suchen hin. Anschließend sind die ermittelten Keywords nach ihrer Suchintention zu gruppieren. Hierzu können die schon angesprochenen fünf Klassen genutzt werden: Das Spektrum reicht von Lokalem über Shopping, Navigation und Information bis zum Befehl.

▷ **Tipp** Stationäre Geschäfte sollten in Betracht ziehen, Keywords mit Sehenswürdigkeiten und interessanten Orten in unmittelbarer Nähe zu verbinden, da diese oft gesucht werden und zu einer höheren Sichtbarkeit führen können. Beispiele wären auf der Website zu platzierende Long-Tail-Keywords wie „Bistro mit Eiffelturm-Blick" oder „Juwelier am Hotel Adlon".

Bei Voice-Search gilt: Der 2. Gewinner mit der zweitbesten Antwort ist hier der 1. Verlierer. Deshalb gilt es, sich als Unternehmen auf die besonders wichtigen Keywords zu konzentrieren und hierfür die Position Zero anzustreben. Hierfür ist es entscheidend – wie bei der Suchmaschinen-Optimierung auch – eine umfassende **Keyword-Recherche** durchzuführen. Dabei gilt es, die von der eigenen

Zielgruppe besonders häufig verwendeten Keywords zu ermitteln, bei denen die Wettbewerbsintensität nicht allzu hoch ist. Eine geringere Wettbewerbsintensität vereinfacht die Erreichung einer Position Zero deutlich. Ein besonders hilfreiches Werkzeug für die Keyword-Recherche ist *ads.google.com;* weitere Ideen vermittelt auch *keywordtool.io.* In Summe gilt: Da sich das Suchverhalten der Nutzer verändert, der Wettbewerb nicht schläft und auch die Algorithmen der Suchmaschinen immer wieder verändert werden, bleibt die **Identifizierung relevanter Keywords** ein kontinuierlicher Prozess (vgl. vertiefend Kreutzer 2018a, S. 279–314).

Stufe 3: Content-Strategie für Voice-Search
Die Unternehmen sollten mit ihren wichtigsten Kommunikationsdaten auf allen relevanten Plattformen für die lokale und transaktionale Suche vertreten sein. Hierzu zählen bspw. *Google My Business* sowie *Google Shopping*. Wichtig ist hierbei die laufende **Optimierung der eigenen Geschäftseinträge.** Diese sollten – plattformübergreifend – konsistent und vor allem auch korrekt und aktuell sein. Das bezieht sich außer auf die Beschreibung des eigenen Angebotes auch auf die Angaben zu Adresse, Kontaktdaten wie Telefonnummer, E-Mail-Adresse, Kontakt über *WhatsApp* sowie zu den Öffnungszeiten.

Die nächste Herausforderung für die Entwicklung einer Content-Strategie ist, dass die Suchenden bei Voice-Search nicht einfach **Schlüsselwörter** nennen (wie „Marketing-Buch"), sondern bspw. eine ganz **konkrete Frage** formulieren: „Wo kann ich das Marketing-Buch von Kreutzer mit Rabatt kaufen?" Das Lesen dieses Buches ist einem so Suchenden dringend ans Herz zu legen, weil er dann erfährt, dass es in Deutschland bei Büchern nach wie vor eine Preisbindung gibt – und es deshalb keine Rabatte auf Bücher gibt!

Bevor ein Unternehmen jetzt beginnt, ausgerichtet an den zuvor definierten Keywords und Long-Tail-Keywords neue Inhalte zu gestalten, sollte zunächst einmal geprüft werden, welche der bereits vorhandenen Inhalte für eine Text-zu-Sprache-Konvertierung bereits geeignet sind. Dies sollte bspw. für die **FAQ-Seiten** zutreffen. Durch das Hinzufügen des entsprechenden Markups (Stichwort *Speakable* Markup) können Suchmaschinen und andere Anwendungen solche Inhalte identifizieren, die von den digitalen Assistenten mit Text-zu-Sprache-Konvertierung vorgelesen werden können. Websites mit sprechbaren, strukturierten Daten können so bereits digitale Assistenten nutzen, um ihre Inhalte über neue Kanäle zu distribuieren und weitere Nutzerkreise zu erschließen.

Basierend auf diesen Erkenntnissen gilt es, weiteren **Speakable Content** zu generieren. Hierbei handelt es sich um Inhalte auf der Website, die speziell für Sprachassistenten optimiert werden. Hierzu sind die Inhalte so zu verfassen, dass diese mittels Text-zu-Sprache-Konvertierung vorgelesen werden können. Dafür sind diese Inhalte – wie schon angesprochen – als „sprachfähig" auszuzeichnen. Schließlich gilt, dass Sprachassistenten bereits heute im Internet nach Antworten auf die gesprochenen Fragen der Nutzer suchen. Um auf entsprechende Fragen vorbereitet zu sein, können die Unternehmen selbst auf ihren Websites spannende Fragen zu den eigenen Produkten und Dienstleistungen stellen und mit überzeugenden Aussagen beantworten. Die Sprachassistenten greifen für ihre Antworten vorzugsweise auf solchermaßen sprachoptimierte Inhalte zu, um sich bei den Antworten nicht zu „blamieren". Wer solche als Unternehmen zu bieten hat, kann bei sprachgesteuerten Suchanfragen einen höheren Rang einnehmen und ggf. sogar die Position Zero erreichen. Die Bereitstellung von gut strukturierten Daten stellt auch eine Voraussetzung dar, um als **Featured Snippet** in die schon angesprochene **Info-Box** zu kommen. Auf diese Weise können wichtige eigene Inhalte auch bei Zero-Klick-Search sichtbar werden (vgl. Abb. 2.7).

Unternehmen, die sich von einer Sprachsteuerung signifikante Vorteile für ihre Kunden und/oder eine deutliche Absetzung von den wichtigsten Wettbewerbern versprechen, sollten die **Entwicklung einer eigenen Voice-App** in Betracht ziehen. Dies ist vor allem auch jenen Unternehmen zu empfehlen, die E-Commerce betreiben (ggf. auch in einem Omni-Channel-Ansatz). Schließlich stellen Voice-Apps eine kontinuierlich erweiterbare **Plattform für die Voice-Kommunikation** dar, die – idealerweise nutzergetrieben – um weitere Funktionen ergänzt werden kann. Dazu gehört bspw. auch die komplette Abwicklung von Kauftransaktionen über Voice-Apps. Außerdem gilt, dass sowohl *Amazon* wie auch *Google* Inhalte aus Sprachapplikationen gegenüber strukturierten Daten für ihre digitalen Assistenten bevorzugen (vgl. Amazon 2020a).

Stufe 4: Testen, Optimieren, Testen, Optimieren
Nach der Aufbereitung entsprechender Inhalte für die Voice-Search ist jedes Unternehmen aufgerufen, die Sprachsuchfunktion proaktiv zu testen. Hierzu muss sich jedes Unternehmen mit den Systemen beschäftigen, die für die eigenen Kunden die größte Relevanz haben. Dann gilt es, bspw. *Google Assistant* vs. *Alexa* vs. *Cortana* vs. *Siri* vs. *Bixby* zu testen. Gleichzeitig sind Antworten auf die folgenden Fragen zu ermitteln (vgl. Baker 2018):

- Welches sind die am häufigsten gestellten Fragen?
- Welche Art von Fragen wird von welcher Seite gestellt?
- Welches sind die wichtigsten Fragen?
- Welche Fragen weisen die höchste Bounce-Rate auf?
- Wie häufig können Fragen abschließend (mit einer gewünschten Konversion) beantwortet werden?

- Wie erfolgreich sind Mitbewerber beim Thema Voice-Search?

Zusätzlich ist zu prüfen, ob die in Abschn. 2.5 definierten Erfolgsfaktoren umfassend berücksichtigt werden. Hierzu gehört bspw. die Ladezeit der Website, weil Voice-Search auf Schnelligkeit ausgerichtet ist. Da das Konzept der Voice-Search bei vielen Unternehmen noch in den Kinderschuhen steckt, muss hier besonders sorgsam gearbeitet werden, um Fehler schnell erkennen und beseitigen zu können. Hiermit startet dann ein **Lernprozess,** der vielleicht erst nach vielen Jahren endet, wenn überhaupt. Schließlich findet das Voice-Marketing in einem sehr dynamischen Umfeld statt.

Denjenigen Unternehmen, die im Bereich Conversational Commerce die nächste große Wachstumschance sehen, sei der Einsatz des in Abb. 3.2 aufgezeigten **Business-Model-Canvas** zum Bereich **Conversational Artificial Intelligence** empfohlen. Hierdurch kann der nächste Schritt zu einer umfassenden Vernetzung des Conversational Commerce mit den bisherigen Unternehmensaktivitäten vollzogen werden.

Schließlich sind die nächsten Herausforderungen des Voice-Marketings schon absehbar. Heute stellen die **Sprachassistenten** primär noch **digitale Zusteller** dar, die entsprechend aufbereitete Informationen servieren. In Zukunft werden

Wichtige Partner	Schlüsselaktivitäten	Leistungsversprechen	Kundenbeziehungen	Kundensegmente
• Soziale Netzwerke • Lieferanten • Vertriebspartner • Datenschutz-Organisationen • Rechtsanwälte • …	• Ausschöpfung verschiedener Datenquellen • Entwicklung von leistungsstarken Algorithmen • …	**Neue Produkte/ Dienstleistungen** • Chatbots • Digitale persönliche Assistenten als Hardware (*Alexa, Google Home* etc.) • …	• Bindung bestehender Kunden durch neue Angebote • Höhere Potenzial-ausschöpfung durch individualisierte Ansprache • …	• Erschließung neuer Kundensegmente durch innovative Lösungen • Erhöhung der Conversion-Rate bei der Kundengewinnung durch individuelle, personalisierte Angebote • …
	Schlüsselressourcen • KI-Spezialisten • Kundendaten • Leistungsstarke Algorithmen • Budget • …	**Neue Funktionen für bestehende Produkte/ Dienstleistungen** • Personalisierte und individualisierte Empfehlungen • Digitale persönliche Assistenten als Service (*Apple Siri, Google Assistant*) • …	**Vertriebskanäle** • Digitalisierung der Customer-Journey (online und offline) • Erreichung einer Omni-Channel-Kommunikation • …	
Kostenstrukturen • Niedriger Kosten für Kundenbindung durch ein Eco-System mit Lock-in-Effekt (Erhöhung der Wechselkosten für Kunden) • Kostengünstigerer Zugang zu weiteren Kundendaten • Verringerung der Mitarbeiterzahl im Service-Center • …			**Erlösstrukturen** • Höhere Ausschöpfung des Kundenwert-Potenzials durch More-, Cross- und Up-Sell-Maßnahmen • Verkauf von neuen, ergänzten Produkten/Services • Erschließung weiterer Einnahmequellen durch Vermarktung von Daten (bspw. für Werbetreibende) • …	

Abb. 3.2 Konzept des Business-Model-Canvas zum Bereich Conversational Artificial Intelligence. (Quelle: Kreutzer und Sirrenberg 2019, S. 304)

sich diese zu **empathischen Butlern** weiterentwickeln. Was unterscheidet Zusteller von Butlern? Butler verwöhnen ihre Herrschaften mit einem Höchstmaß an individuellem und persönlichem Service. Sie lesen Wünsche wortwörtlich von den Augen ab und antizipieren, was den Herrschaften möglicherweise gefallen könnte. Zusätzlich zeichnen sie sich durch absolute Diskretion aus. Außerdem richten Butler ihre Tonalität sowie die Lautstärke (etwa bei Schwerhörigen) wie auch ihre Körpersprache auf das jeweilige Gegenüber aus.

Ein Schritt in Richtung empathischen Butler – besonders bei Individualisierung und Personalisierung – wird durch den Einsatz von **Emotion AI** (auch **Affective Computing**) möglich. Das Ziel von Emotion AI besteht darin, aus Daten über Gesichter, Stimmen und Körpersprache auf menschliche Emotionen zu schließen. Im Kern geht es darum, den emotionalen Zustand eines Menschen zu erkennen, um diesen dann differenziert anzusprechen. Ein so agierender digitaler Assistent würde über eine **multiple Persönlichkeit** verfügen und je nach Zielperson und Stimmung anders agieren. Auf Affective Computing basierende Anwendungen können bspw. in einem Verkaufsprozess aufgrund der Stimme ermitteln, dass der potenzielle Käufer noch nicht überzeugt ist, um dann weitere Erklärungen oder zusätzliche Verkaufsanreize (etwa E-Coupons mit Preisvorteilen) anzubieten. Welche Inhalte hierzu ausgespielt werden, würde von der jeweiligen Zielperson abhängig gemacht werden (ein wichtiges Einsatzfeld der Marketing-Automation). *Amazon* hat sich bereits 2018 ein Patent auf eine **Technologie zur Stimmanalyse** gesichert. Hierdurch soll der digitale Assistent anhand der Stimme erkennen, wenn der Nutzer krank ist oder sich nicht gut fühlt. Bei einer Erkältung könnte *Alexa* dann vorschlagen, ein passendes Medikament online zu bestellen und per Express zusenden zu lassen (vgl. o. V. 2018).

Wenn in Zukunft die Voice-Kommunikation um Bilder ergänzt wird, können Affective-Computing-Systeme auch Mimik und Gestik nutzen, um auf den emotionalen Zustand des jeweiligen Gesprächspartners zu schließen. Der Phantasie sind hier keine Grenzen gesetzt. Ob der empathische (digitale) Butler auch die notwendige **Diskretion** beherrscht, wird sich erst noch zeigen müssen. Bisher waren die digitalen Assisten häufig eher geschwätzig und haben ihre Aufzeichnungen nicht immer gut geschützt ...

Hier zeichnet sich eine spannende Entwicklung ab. Schon heute ist die gesamte **Customer-Experience** viel wichtiger als das jeweilige Produkt oder eine Dienstleistung allein. In Zukunft wird die **Voice-Experience** ein immer wichtigerer Bestandteil der Customer-Experience werden. Hierauf sollten sich alle Unternehmen frühzeitig vorbereiten.

Was Sie aus diesem *essential* mitnehmen können

- Das Thema Voice-Marketing in seinen verschiedenen Ausprägungen wird zu einer wichtigen Aufgabe für Marketing-Manager.
- Es gibt schnelle und einfache Wege, um bei Voice-Search auf die Position Zero zu kommen.
- Komplexere Fragestellungen erfordern allerdings die Entwicklung von Voice-Apps.
- Wichtig ist, dass Sie möglichst schnell damit beginnen die Voice-Journey Ihrer Kunden zu skizzieren, um Ihr Unternehmen „fit for voice" zu machen.

© Springer Fachmedien Wiesbaden GmbH, ein Teil von Springer Nature 2020
R. T. Kreutzer und D. Seyed Vousoghi, *Voice-Marketing,* essentials,
https://doi.org/10.1007/978-3-658-29474-8

Literatur

ADL (2019). *Künstliche Intelligenz, Potenzial und nachhaltige Veränderung der Wirtschaft in Deutschland*. Frankfurt/M.

Amazon (2020a). *Voice solutions*. https://pay.amazon.com/how-it-works/voice. Zugegriffen: 6. Januar 2020.

Amazon (2020b). *Was ist das Alexa Skills Kit?* https://developer.amazon.com/de-DE/alexa/alexa-skills-kit. Zugegriffen: 6. Januar 2020.

Apple (2020). *Apple CarPlay. Der perfekte Beifahrer*. https://www.apple.com/de/ios/carplay/. Zugegriffen: 5. Januar 2020.

Arthur, R. (2018). *Mango launches digital fitting rooms*. https://thecurrentdaily.com/2018/02/17/mango-launches-digital-fitting-rooms/. Zugegriffen: 19. Dezember 2019.

Baker, L. (2018). *5 Voice Engine Optimization Strategies to Get Ahead*. https://www.searchenginejournal.com/voice-search-optimization-strategies/261115/#close. Zugegriffen: 12. September 2019.

Barysevich, A. (2018). *7 Types of Content That Dominate Position Zero*. https://www.searchenginejournal.com/content-types-position-zero/232453/#close. Zugegriffen: 12. Juni 2019.

Bendel, O. (2019). *Smart Home*. https://wirtschaftslexikon.gabler.de/definition/smarthome-54137. Zugegriffen: 9. Januar 2019.

Benrath, B. (2019). *Google, Apple und Amazon kooperieren*. https://www.faz.net/aktuell/wirtschaft/digitec/amazon-apple-google-wollen-standard-fuer-smarthome-schaffen-16542091.html. Zugegriffen: 19.12.2019.

Campbell, J. (2018). *Voice-Search: Reporting at Keyword Level*. https://weareroast.com/whitepapers/voice-search-2/. Zugegriffen: 22. Mai 2019.

Classen, V. (2019). Interview. In B. Unckrick, Sprache ist das neue Wischen. *Horizont, 34*, 20.

Dahnke, N. (2019). Voice-Search – Ein Hype, der (noch) keiner ist. *website boosting, 55*(5), 22–28.

Dean, B. (2018). *Voice-Search: The Definitive Guide*. https://backlinko.com/optimize-for-voice-search#casestudies. Zugegriffen: 19. Dezember 2019.

Detego (2020). *Binden Sie Kunden in den Laden ein*. https://www.detego.com/home-3-2/detego-suite/detego-inchannels/. Zugegriffen: 5. Januar 2020.

© Springer Fachmedien Wiesbaden GmbH, ein Teil von Springer Nature 2020
R. T. Kreutzer und D. Seyed Vousoghi, *Voice-Marketing*, essentials,
https://doi.org/10.1007/978-3-658-29474-8

DSGVO (2020). *Datenschutzgrundverordnung.* https://dsgvo-gesetz.de/. Zugegriffen: 5. Januar 2020.

Enge, E. (2019). *Mobile Voice Usage Trends 2019.* https://www.perficientdigital.com/insights/our-research/voice-usage-trends. Zugegriffen: 17. Juli 2019.

EU-Kommission (2017). *EU-Kommission verhängt Geldbuße von 2,42 Milliarden Euro gegen Google.* https://ec.europa.eu/germany/news/eu-kommission-verh%C3%A4ngt-geldbu%C3%9Fe-von-242-milliarden-euro-gegen-google_de. Zugegriffen: 12. Dezember 2019.

Forrester, D. (2017). *How Voice-Search changes everything.* https://www.yext.com/resources/publications/how-voice-search-changes everything/. Zugegriffen: 9. Dezember 2019.

Gatebox (2020). *Living with characters.* https://www.gatebox.ai/. Zugegriffen: 5. Januar 2020.

Hannig, U. (2017). (Hrsg.). *Marketing und Sales-Automation. Grundlagen – Tools – Umsetzung, Alles, was Sie wissen müssen.* Wiesbaden: Springer Gabler.

Hörner, T. (2019). *Marketing mit Sprachassistenten: So setzen Sie Alexa, Google Assistant & Co. strategisch erfolgreich ein.* Wiesbaden: Springer Gabler.

Janke, K. (2019). Finden statt Suchen. *Horizont, 33,* 10 f.

Kemp, D. (2019). *Using Smart Speakers to Engage with Your Customers.* https://hbr.org/2019/05/using-smart-speakers-to-engage-with-your-customers. Zugegriffen: 29. Juli 2019.

Kinsella, B. (2018). *Over 7.6 Million Google Home Products Sold in Q4 2017.* https://voicebot.ai/2018/01/06/7-6-million-google-home-products-sold-q4-2017/. Zugegriffen: 07. Dezember 2019.

Kinsella, B. (2019a). *Amazon is Now Highlighting Ad Products for Marketers to Promote Their Alexa Skills – EXCLUSIVE.* https://voicebot.ai/2019/08/05/amazon-is-rolling-out-new-ad-products-for-marketers-to-promote-alexa-skills/. Zugegriffen: 29. Dezember 2019.

Kinsella, B. (2019b). *Google Again Leads in Voice Assistant IQ Test but Alexa is Closing the Gap According to Loup Ventures.* https://voicebot.ai/2019/08/19/google-again-leads-in-voice-assistant-iq-test-but-alexa-is-closing-the-gap-according-to-loup-ventures/. Zugegriffen: 9. Dezember 2019.

Kinsella, B., & Mutchler, A. (2019). *THE STATE OF VOICE ASSISTANTS AS A MARKETING CHANNEL 2019 (Version 1, 2019).* https://voicebot.ai/the-state-of-voice-assistants-as-a-marketing-channel-report/. Zugegriffen: 29. Dezember 2019.

Kohn, C. (2018). *Herausforderung Voice Search: So sind Search Engine Advertiser gerüstet.* https://www.internetworld.de/onlinemarketing/expert-insights/herausforderung-voice-search-so-search-engine-advertiser-geruestet-1112166.html. Zugegriffen: 19. Dezember 2019.

Kreutzer, R.T. (2016). *Kundenbeziehungsmanagement im digitalen Zeitalter.* Stuttgart: Kohlhammer.

Kreutzer, R.T. (2017). *Praxisorientiertes Marketing: Grundlagen – Instrumente – Fallbeispiele,* 5. Aufl. Wiesbaden: Springer Gabler.

Kreutzer, R.T. (2018a). *Praxisorientiertes Online-Marketing: Konzepte – Instrumente – Checklisten,* 3. Aufl. Wiesbaden: Springer Gabler.

Kreutzer, R.T. (2018b). *Toolbox für Marketing und Management. Kreativkonzepte – Analysewerkzeuge – Prognoseinstrumente.* Wiesbaden: Springer Gabler.

Kreutzer, R.T. (2020). *Die digitale Verführung. Selbstbestimmt leben trotz Smartphone, Social Media & Co.* Wiesbaden: Springer Gabler.

Kreutzer, R.T., & Sirrenberg, M. (2019). *Künstliche Intelligenz verstehen. Grundlagen – Use-Cases – unternehmenseigene KI-Journey.* Wiesbaden: Springer Gabler.

Mercedes (2020). *Mercedes me.* https://www.mercedes-benz.de/passengercars/mercedes-benz-cars/mercedes-me.html. Zugegriffen: 6. Januar 2020.

Microsoft (2020). *Cortana, Ihre persönliche digitale Assistentin.* https://www.microsoft.com/de-de/windows/cortana. Zugegriffen: 5. Januar 2020.

Munster, G., & Thompson, W. (2019). *Annual Digital Assistant IQ Test.* https://loupventures.com/annual-digital-assistant-iq-test/. Zugegriffen: 9. Dezember 2019.

Nickel, O. (2019). *Apple hört durch Siri Drogengeschäfte und Sex mit.* https://www.golem.de/news/datenschutz-apple-hoert-durch-siri-drogengeschaefte-und-sex-mit-1907-142817.html. Zugegriffen: 10. Dezember 2019.

Olson, C., & Kemery, K. (2019). *Voice report: From answers to action: customer adoption of voice technology and digital assistants.* https://advertiseonbing-blob.azureedge.net/blob/bingads/media/insight/whitepapers/2019/04%20apr/voice-report/bingads_2019_voicereport.pdf. Zugegriffen: 17. Dezember 2019.

o. V. (2017). *Zur IFA 2017: iHaus bringt Smart Home auf den Punkt.* https://www.presseportal.de/pm/127690/3717732. Zugegriffen: 8. Dezember 2019.

o. V. (2018). *Alexa-Daten sollen Geld bringen Amazon erhält Patent für Werbung nach Stimmlage.* https://www.t-online.de/digital/id_84619034/alexa-amazon-erhaelt-patent-fuer-werbung-nach-stimmlage.html. Zugegriffen: 7. Januar 2020.

Pimpl, R. (2019). Wozu braucht Google Daten? *Horizont, 49,* 6.

Reinsclassen (2019). Interview. In B. Unckrick, Sprache ist das neue Wischen. *Horizont, 34,* 21.

Schema.org (2020a). *Welcome to Schema.org.* https://schema.org/. Zugegriffen: 5. Januar 2020.

Schema.org (2020b). *Speakable.* https://schema.org/speakable. Zugegriffen: 5. Januar 2020.

Schwartz, E.H. (2019). *Pandora Begins Running Interactive Voice Ads.* https://voicebot.ai/2019/12/13/pandora-begins-running-interactive-voice-ads/. Zugegriffen: 29. Dezember 2019.

Schwarz, T. (2014). (Hrsg.). *Marketing Automation. Digital neue Kunden gewinnen: Vom Lead Management über Big Data zum Lifecycle-Marketing.* Waghäusel: Marketing-Börse.

Schwarz, T. (2017). (Hrsg.). *Personalisierte Dialoge. Mehr Umsatz mit Marketing-Automation.* Waghäusel: Marketing-Börse.

Seyed Vousoghi, D. (2019). *Voice-Search In the B2C-Industry – Status Quo, Challenges and Recommendations.* Berlin: Hochschule für Wirtschaft und Recht.

Splendid Research (2019). *Welche der folgenden digitalen Assistenten für Sprachsteuerung kennen bzw. nutzen Sie?* https://de-statista-com.ezproxy.hwr-berlin.de/statistik/daten/studie/1031358/umfrage/umfrage-zu-bekanntheit-und-nutzung-verschiedener-sprachassistenten-in-deutschland/. Zugegriffen: 9. Dezember 2019.

Statista (2019a). *Welche der Funktionen Ihres virtuellen Assistenten benutzen Sie regelmäßig?* https://de-statista-com.ezproxy.hwr-berlin.de/prognosen/984112/umfrage-in-deutschland-zu-regelmaessig-genutzten-funktionen-virtueller-assistenten. Zugegriffen: 9. Dezember 2019.

Statista (2019b). *Welche Geräte in Ihrem Haushalt steuern Sie mit Ihrem virtuellen Assistenten?* https://de-statista-com.ezproxy.hwr-berlin.de/prognosen/984116/umfrage-in-deutschland-zu-geraeten-die-man-ueber-virtuelle-assistenten-steuert. Zugegriffen: 9. Dezember 2019.

Strategy Analytics (2019a). *Quarterly unit shipments of smart speaker with intelligent personal assistant worldwide from 2016 to 2019, by vendor (in millions).* https://www-statista-com.ezproxy.hwr-berlin.de/statistics/792598/worldwide-smart-speaker-unit-shipment/. Zugegriffen: 10. Dezember 2019.

Strategy Analytics (2019b). *Smart speaker with intelligent personal assistant quarterly shipment share from 2016 to 2019, by vendor.* https://www-statista-com.ezproxy.hwr-berlin.de/statistics/792604/worldwide-smart-speaker-market-share/. Zugegriffen: 10. Dezember 2019.

Sturm, A. (2019). Ohren auf beim Autokauf. *Horizont, 38*, 61.

Tagesschau (2019). *Amazon wertet Alexa-Aufnahmen aus.* https://www.tagesschau.de/wirtschaft/amazon-alexa-107.html. Zugegriffen: 10. Dezember 2019.

Theile, G. (2019). *Google gibt größte Algorithmus-Änderungen seit Jahren bekannt.* https://www.faz.net/aktuell/wirtschaft/digitec/google-gibt-groesste-algorithmus-aenderungen-seit-jahren-bekannt-16450849.html. Zugegriffen: 19. Dezember 2019.

Thompson, P. (2018). *4 Steps to Prepare Your PPC Campaigns for Voice Search.* https://www.searchenginejournal.com/ppc-campaigns-voice-search/246437/#close. Zugegriffen: 19. Dezember 2019.

Unckrich, B. (2019). „Sprache ist das neue Wischen". *Horizont, 34*, 20–21.

Virji, P. (2016). *How Voice-Search Will Change Digital Marketing – For The Better.* https://moz.com/blog/how-voice-search-will-change-digital-marketing-for-the-better. Zugegriffen: 3. September 2019.

Wohl, J. (2015). *Campbell's Ready to Serve Recipe Ideas through Amazon Echo.* https://adage.com/article/cmo-strategy/campbell-s-ready-serve-recipe-ideas-amazon-echo/300812. Zugegriffen: 29. Dezember 2019.